Unterredung mit Gott

Edith Zeile, Jahrgang 1936, studierte Anglistik, Klassische Philologie und Geographie in Heidelberg und London und lehrte am Institut für Deutsch als Fremdsprachenphilologie der Universität Heidelberg und an der Universität Pittsburgh, USA.

Edith Zeile

UNTERREDUNG MIT GOTT

Engelsdorfer Verlag
Leipzig
2012

Bibliografische Information durch die Deutsche Nationalbibliothek: Die Deutsche Nationalbibliothek verzeichnet diese Publikation in der Deutschen Nationalbibliografie; detaillierte bibliografische Daten sind im Internet über http://www.dnb.de abrufbar.

ISBN 978-3-95488-128-4

Copyright (2012) Engelsdorfer Verlag Leipzig
Alle Rechte beim Autor
Hergestellt in Leipzig, Germany (EU)
www.engelsdorfer-verlag.de

11,00 Euro (D)

Inhalt

Vorwort		11
Frage 1:	Der Katholische Kirchentag ist in Mannheim gerade zu Ende gegangen. Was ist deine Meinung dazu?	15
Frage 2:	Was wird mit den Kirchen geschehen? Ein Ausblick.	16
Frage 3:	Was kann der Einzelne tun, wenn er sich nicht mehr im Raum der Kirche aufhalten mag?	17
Frage 4:	Gott näher kommen – was verstehst du darunter?	18
Frage 5:	Was sagst du zum Leid in der Welt?	19
Frage 6:	Warum gibt es das Böse auf der Welt?	20
Frage 7:	Wann ist ein Mensch reif?	20
Frage 8:	Warum hat Gott dieses Experiment mit dem Menschen gemacht?	22
Frage 9:	Das ist eine grandiose Vision, aber ist es auch schön für dich, wenn jemand durch einen Unfall im Rollstuhl sitzen muss und von anderer Hilfe abhängig ist?	25
Frage 10:	Ist Krankheit denn selbst verschuldet?	27
Frage 11:	Reden wir zur Versöhnung einmal von etwas, was heutzutage eine ganz große Rolle spielt: Sex und Sexualität. Was sagst du dazu?	29
Frage 12:	Was sagst du zum Verfall der Ehe, den Patchwork-Familien und der neuen Moral?	34
Frage 13:	Warum gibt es kinderlose Paare?	36
Frage 14:	Warum gibt es Pädophilie?	37
Frage 15:	Diese Opfer-Täter-Problematik lässt mich mitunter an Gottes Größe zweifeln. Warum muss das alles so schmerzhaft ablaufen?	38
Frage 17:	Wie sollten Kinder aufwachsen dürfen?	38
Frage 17:	Was kann jeder tun, um seine Gesundheit zu verbessern?	42
Frage 18:	Kannst Du sagen, was zu einem erfüllten spirituellen Leben gehört?	43
Frage 19:	Was hältst du von Israels Politik?	44
Frage 20:	Atomare Verseuchung – ist das nur in jener Gegend eine Realität?	46
Frage 21:	Die Welt ist so schön da draußen, ich sehe auf einen Fluss und ein grünes Ufer, wie lange wird diese Erde noch bestehen?	47
Frage 22:	Ja, was sagst du zur Einwanderung fremder Ethnien in die deutsche Gesellschaft. Ist das ein Erfolg oder wird sich daraus eine große Gefahr für den inneren	

	Frieden ergeben?...	48
Frage 23:	Gibt es so etwas wie eine kulturelle Hierarchie?	50
Frage 24:	Eine Wertediskussion wäre vielleicht an dieser Stelle nützlich. Wie beurteilst du die Situation in Deutschland? ...	53
Frage 25:	Die Menschen werden immer älter. Warum eigentlich? Was sollte gelernt und besser verstanden werden?	55
Frage 26:	Was ist eigentlich Demenz?..	58
Frage 27:	Wenn ich es richtig verstehe, ist es also eine Art Gnadenakt, dement zu werden und damit die Angst vor dem Sterben zu verlieren. Lässt sich dieser Prozess aber auch aufhalten oder gar ausschalten? Kannst du da Hinweise geben?	60
Frage 28:	Was sind die Ursachen für Autismus?.................................	61
Frage 29:	Es ist der Wissenschaft gelungen, aus dem mütterlichen Blut einer schwangeren Frau Defekte des Kindes zu erkennen, z.B. Down-Syndrom, Stoffwechselstörungen etc. Damit wäre es möglich, eine Auslese zu treffen, so dass die Zahl behinderter Kinder verringert werden könnte. Was ist deine Meinung dazu?	63
Frage 30:	Was ist die Bedeutung des Ehrenamts?	64
Frage 31:	Wieso treten Süchte auf?...	66
Frage 32:	Man hört gelegentlich von der Erscheinung des Maitreya. Wann kommt dieser Meister oder wann macht er sich der Weltbevölkerung bekannt?	67
Frage 33:	Die Frage, ob es Wiedergeburt oder Reinkarnation tatsächlich gibt, bedarf noch einer tiefer gehenden Erläuterung. Bitte hilf uns dabei..	68
Frage 34:	Was sagst du zu der Sportbesessenheit der Deutschen? Wir sind mitten drin in der Fußball-Europameisterschaft. .	71
Frage 35:	Ich wüsste sehr gern, ob die deutsche Mannschaft tatsächlich in dieser Europa-Meisterschaft 2012 siegt. Ist eine solche Frage erlaubt?	72
Frage 36:	Was bedeutet es, wenn Menschen mit einer unheilbaren Krankheit auf die Welt kommen?..	73
Frage 37:	Leben bereits außerirdische Wesen unter uns Menschen auf dem Planeten Erde?...	74
Frage 38:	Wie verhält man sich, wenn man von anderen verletzt wird?..	75
Frage 39:	Meine Schwester meinte, Behinderte hätten das schwerste Schicksal zu verkraften und es sei nur Mitgefühl angebracht und kein Hinweis auf ein	

	irgendwie geartetes Karma. Wie verstehst du das?	77
Frage 40:	Ist es also verwerflich, überhaupt über Dinge zu reden, die anderen eine Erweiterung ihres Bewusstseins erlauben? Wie steht es dann mit Büchern, die dieses Wissen anbieten?	78
Frage 41:	Ich würde gern wissen wollen, mit wem ich gerade rede. Ist das möglich?	79
Frage 42:	Ich höre euch/dich nur, aber wie könnte ich mir euch/dich vorstellen? Wie siehst du aus, Quelle?	81
Frage 43:	Was haltet ihr von Prognosen?	82
Frage 44:	Wie sollte man sich bei Intrigen verhalten?	83
Frage 45:	Wo ist karitative Hilfe am meisten angesagt?	84
Frage 46:	Darf ich dich zur gegenwärtigen Wirtschaftskrise (2012) befragen? Besteht Grund, Angst zu haben?	85
Frage 47:	Gestern wurde eure Prognose für die Fußball EM bestätigt (28.6.2012). Vielen Dank. Was haltet ihr von Meditation?	87
Frage48:	Ich habe gerade erfahren, dass es an der Viadrina (Europauniversität in Frankfurt/Oder) einen Professor gibt, der es endlich wagt, sich mit Spiritualität wissenschaftlich auseinanderzusetzen. Was sagt ihr dazu?	89
Frage 49:	Ist es hilfreich, Skeptiker mit spirituellen Erkenntnissen zu konfrontieren?	89
Frage 50:	Ein großes Problem ist die Diskriminierung bestimmter Gesellschaftsgruppen, z. B. der Behinderten und der Ausländer. Würdest du bitte etwas dazu sagen?	91
Frage 51:	Eine Teilfrage ist noch unbeantwortet. Diskriminierung gegenüber Ausländern. Dein Kommentar dazu bitte.	95
Frage 52:	Was ist Krebs?	99
Frage 53:	Die Zahl der Geburten in Deutschland nimmt kontinuierlich ab. Was sagst du dazu?	101
Frage 54:	Ist die Beschäftigung mit Astrologie aus eurer Sicht ein Gewinn?	102
Frage 55:	Ist es vielleicht vernünftig, eine Verletzung mit einer guten Tat zu belohnen?	104
Frage 56:	Werden wir in Deutschland den Euro behalten?	105
Frage 57:	Was sagst du zu Europa?	106
Frage 58:	Eine Zusatzfrage: Wird man einen neuen Anlauf unternehmen, nachdem ein Resteuropa übriggeblieben ist. Sollte man das tun, und wer würde die Rolle des Vorreiters übernehmen?	109

Frage 59:	Was wäre ein „Erfolgsmodell" des Lebens?...................... 109
Frage 60:	Was würde z.B. passieren, wenn er seine Familie durch einen Unfall verlöre. Wenn er nur noch seine Häuser und Türme hätte? 111
Frage 61:	Wie viele Leben gehören dazu, bis das Leben „gelingen" kann? 112
Frage 62:	Gibt es Methoden, seine früheren Leben kennen zu lernen? 112
Frage 63:	Ehrgeiz – Leistung – Wettbewerb – kannst du etwas dazu sagen? 114
Frage 64:	Was sagst du zu UFOs? 117
Frage 65:	Vielleicht hat diese Frage etwas mit der letzten zu tun. Mich faszinieren die exquisiten Kornkreise, die überall auf der Welt seit Jahrzehnten auftreten. Kannst du uns etwas dazu sagen? 118
Frage 66:	Noch einmal eine Frage zu deiner Identität. Ist es richtig anzunehmen, dass du oder ihr zu jener Gruppe von Wesen gehört., die in einer sehr viel höheren Dimension leben und agieren als wir Erdbewohner? Ist es vermessen, von Gott als dem Gesprächspartner zu reden? 119
Frage 67:	Was sollte die internationale Gemeinschaft angesichts der furchtbaren Situation in Syrien tun? 120
Frage 68:	Ich habe gestern eine Ballettaufführung im Fernsehen gesehen und war absolut begeistert. Was sagst du zu dieser hohen Kunst? 121
Frage 69:	Ein Instrument spielen – welche Bedeutung hat das? 123
Frage 70:	Dann sage mir etwas über die Magie der Musik 124
Frage 71:	Es ist schwierig, mit jemandem zu kommunizieren, den man nicht sieht. Wie sollen wir uns dich vorstellen? .. 126
Frage 72:	Ich bitte dich, mir den Zusammenhang zwischen Spiritualität und dem Erreichen eines hohen Alters zu sagen. 126
Frage 73:	Kann man das eigene Schicksal in der Hand lesen? 127
Frage 74:	Der Trend, als Single zu leben. Was sagst du dazu? 128
Frage 75:	Darf ich vielleicht einmal einen Gast einladen, an diesem Gespräch teilzunehmen? 130
Frage 76:	Ich würde gern von dir erfahren, ob und wann du im Fernsehen Deutschlands deine Botschaft der Liebe verbreitest. Darf ich das fragen? 130
Frage 77:	Was kann jemand tun, der dauernd an undefinierbaren

	Schmerzen leidet?	131
Frage 78:	Was ist Epilepsie?	132
Frage 79?	Was hältst du von Demenzdörfern? In den skandinavischen Ländern gibt es sie bereits, aber hier lehnt man sie ab.	134
Frage 80:	Das Lebensende ist der Tod. Was kannst du uns über den Tod sagen?	135
Frage 81:	Das bringt mich zu der Frage, wie man am besten den Tod eines lieben Menschen betrauern kann.	136
Frage 82:	Willst du überhaupt mit mir weiter zusammen arbeiten?	137
Frage 83:	Wie ist deine Reaktion auf die ersten Versuche der Wissenschaft, Spiritualität zu einem Forschungsgegenstand zu machen?	138
Frage 84:	Wenn jemand sich ernsthaft auf den Weg macht, wachsen ihm oft charismatische Gaben zu wie z.B. Hellsehen, Hellhören (Telepathie), Heilen, etc. Die alten indischen Weisheitsschriften bezeichnen sie als „siddhis" und fügen die Warnung hinzu, man solle nicht bei ihnen stehen bleiben. Was sagt ihr dazu?	138
Frage 85:	Ist derjenige, der über solche Dinge schreibt, ein narzisstischer Mensch?	140
Frage 86:	Lachen und Weinen – menschliche Gefühlsäußerungen?	141
Frage 87:	Was ist Kreativität?	142
Frage 88:	Schönheit über alles? Was ist schön, wieso muss alles schön sein?	142
Frage 89:	Wer gegen Gesetze verstößt, kommt ins Gefängnis. Ist das eine gute Methode?	144
Frage 90:	Gibt es Aliens unter uns?	145
Frage 91:	April im Sommer 2012 – Wetterkapriolen?	146
Frage 92:	Welche Wünsche darf man haben?	147
Frage 93:	Welches ist der ideale Liebespartner?	148
Frage 94:	Welches ist der ideale Beruf?	149
Frage 95:	Was ist Freundschaft?	151
Frage 96:	Welchen Rat würdest du unseren Politikern geben?	153
Frage 97:	Welchen Rat könntest du den Frauen in unserer Zeit geben?	154
Frage 98:	Welchen Rat könntest du den Männern geben?	156
Frage 99:	Welchen Rat kannst du mir persönlich geben?	157
Frage 100:	Welche Bitte hast du an die Leser?	158

Vorwort

Gespräche kommen oft zustande, ohne dass man sie gesucht hat. Vielleicht stand nur eine einzige Frage im Raum, auf die man keine Antwort hatte. Vielleicht gesellten sich Empörung, Ärger oder gar Resignation hinzu.
Und plötzlich tauchte eine Antwort auf.
Woher kam sie? Da war jemand, der sie beantworten wollte.
Würde sich nicht jeder auf einen Dialog einlassen, in dem es nicht nur um das Einmaleins des Lebens ginge, sondern um kardinale Fragen, die sonst immer ausgeklammert werden, weil niemand verbindliche Antworten zu geben imstande ist?
So entstand dieser Dialog zwischen einem Menschen und unsichtbaren Wesenheiten in anderen Dimensionen. Dass der Kosmos multidimensional ist, sollte inzwischen vielen bekannt sein. Dass sie ebenso bevölkert sind wie die Erde, die sich auf der siebenten der vierzehn Bewusstseinsebenen befindet, gilt seit dem Auftreten der *Rishis* vor 5000 Jahren in Indien als eine Tatsache, die einigen Menschen ausreicht, um solche Kontakte für möglich zu halten.
Dieser zugegeben merkwürdige Dialog ist für jene bestimmt, die sich nicht nur für die glänzende Außenfassade der Dinge interessieren, sondern ihr Wesen verstehen wollen. Ein solcher Perspektivwechsel könnte sogar tiefe Einsichten vermitteln oder zumindest hypothetische Ansichten. Spannend ist er auf jeden Fall.
Man kann dieses Buch auf die herkömmliche Weise lesen, also von Seite 1 bis Seite 158. Sicher wird man die Anordnung der Fragen kurios, verblüffend oder gar unpassend finden. Da folgt z.B. auf die Frage nach dem *richtigen politischen Verhalten gegenüber Syrien* eine Frage nach Ursache und Bedeutung von *Kornkreisen*! Oder was hat die *gegenwärtige Wirtschaftskrise* mit dem *Erfolgsmodell des Lebens* zu tun?

Ein Ordnungsprinzip ist schlechterdings nicht auszumachen, weil es a priori nicht geplant war. Erkennbar ist lediglich a *stream of consciousness*, ein strömender Fluss von Gedanken, die sich oft zu kleinen Knäueln verdichten oder gelegentlich im Staccato-Duktus aufeinanderfolgen: *Was sagst du zum Leid in der Welt? Warum gibt es das Böse auf der Welt? Wann ist ein Mensch reif?*

Die Themenvielfalt ist groß: Die Fragen beziehen sich auf die Sinnsuche des Menschen, auf die Moral, die Probleme des Alltags, Beziehungen, politische und wirtschaftliche Themen, Gesundheit und Alter, Sport, Behinderte, Gefahren der Menschheit, Prognosen.

Ein Frage-und-Antwort-Spiel als Kaleidoskop des Lebens!

Es nimmt nicht Wunder, dass die meisten Themen sich mit spiritueller Thematik befassen. Wenn in diesem Bereich eine Bewusstseinserweiterung eintritt, hat dies natürlich positive Rückwirkungen auf viele andere Lebensbereiche.

Wer schon bereit ist zu verstehen, dass die Gesprächspartner miteinander verwandt sind, dass der eine das Recht hat zu fragen und der andere die Pflicht zu antworten -- weil alle denselben Anfang und dasselbe Ziel haben, nämlich mit Gott EINS zu werden –, der ist auf einem guten Weg.

Jeder ist in diesem Gesprächskreis willkommen, mit seinen Fragen, seinen Zweifeln und seiner Freude. Buddha sagte, solange die Letzten noch nicht zu Gott zurückgekehrt seien, müsse miteinander geredet, gefragt und geantwortet werden.

Mir bleibt nur noch, allen herzlich für die Bereitschaft zu danken, sich auf ein solches Experiment einzulassen. Mögen Sie, lieber Leser, liebe Leserin, aus der einen oder anderen Antwort einen ganz persönlichen Gewinn für Ihr Leben ziehen.

Mein besonderer Dank gilt natürlich meinen Helfern auf der anderen Seite des Lebens, die mich ermutigten, inspirierten, tadelten und dennoch an ihrer Weisheit teilhaben ließen.

Heidelberg, im Sommer 2012   Edith Zeile

Frage 1: Der Katholische Kirchentag ist in Mannheim gerade zu Ende gegangen. Was ist deine Meinung dazu?

Es ist in Ordnung, dass Menschen Antworten auf die großen Fragen des Lebens in Kirchen, Institutionen oder entsprechenden Gruppen suchen. Das Gemeinschaftsgefühl ist eine äußerst wichtige Komponente. Gemeinsam ist man stark. Vor allem, wenn die Allgemeinheit skeptisch ist oder gar alle Glaubensbekenntnisse ablehnt.
Dies ist der emotionale Wert solcher Treffen.
Aber die Inhalte sind zum Teil verfälscht, verdreht oder verkümmert. Jahrhunderte haben die originalen Worte Jesu bis zur Unkenntlichkeit verändert. Die Inhalte sind also nicht identisch mit den Aussagen des lebendigen Christus. Das Angebot der religiösen Institutionen ist ein Alibi, ein Hilfsmittel, um Menschen das Leben zu erleichtern.
Aber die wahre Lehre ist eine andere. Jesus Christus war einer der vielen Boten, die sich immer wieder in verschiedene Kulturräume begaben, um den Menschen durch ihr Leben, ihr Sein und ihr Tun den Weg zurück in die Vollkommenheit zu zeigen. Sie sind nicht Gründer einer Kirche oder einer Lehre. Sie sind ZEICHEN der göttlichen Vollkommenheit, Leuchttürme in dunklen Zeiten. Wer mit ihnen Kontakt hält, hält durch, gewinnt an Statur, verändert sich in einer gewissen Richtung. Ein Christ sollte Christus ähnlich werden, nicht den Pfarrern oder Priestern gehorchen. Pracht und Prunk haben in einer Heilslehre keinen Platz. Diese Äußerlichkeiten sind sozusagen der Feinstaub, der in die Augen der gläubigen Masse rieselt und sie damit unfähig macht, die Wahrheit zu erkennen. Das ist eindeutig schade.

Kirchen haben ihren Wert, aber nicht den, den sie hätten haben können, wenn sie sich an die Lehre des jeweiligen Boten gehalten hätten. Das ist nirgends der Fall.

Frage 2: Was wird mit den Kirchen geschehen? Ein Ausblick.

Die Situation ist leicht zu beschreiben. Die Menschen verlangen nach klaren Worten und Ergebnissen. Ausflüchte wie z.B. das gängige Wort, Gott hat den lieb, der leidet, genügt den Menschen nicht mehr. Sie wollen ihr Leben verstehen. Sie wollen wissen, warum es so viel Ungerechtigkeit ihrer Meinung nach auf der von Gott geschaffenen Welt gibt.
Wenn die Kirchen oder Religionen keine klaren und verständlichen Antworten auf Kardinalfragen finden, werden sie mehr und mehr ihre Anhänger verlieren. Das wird noch eine gewisse Zeit dauern. Aber wir müssen unterscheiden. Die Katholische Kirche, die eine straffere Organisation hat und die die Menschen mit Verboten und Geboten an der langen Leine hält, wird besser über die nächste Zeit hinwegkommen als die Protestanten. Diese werden mehr und mehr schrumpfen, und bald werden Kirchen zwar immer noch Versammlungsräume sein, wo man beten kann, aber sie werden keine sinnstiftende Rolle im öffentlichen Leben spielen. Allerdings werden sich hier auch viele kleine Gruppierungen abspalten, die auf eigene Faust Hilfe suchen.

Die Katholische Kirche gerät unter Beschuss vonseiten ihrer eigenen Anhänger. Diese durchaus von der Lehre überzeugten Christen möchten eine Reformbewegung in Gang bringen, da sie die verkrusteten Strukturen des Papsttums nicht mehr zu dulden bereit sind. Es wird mehr und mehr zu Abspaltungen von örtlichen Gemeinden kommen und auch zur Übernahme öffentlicher Lehrämter durch Laien.

Später kommen Angriffe vonseiten der erstarkten Muslime hinzu. Nach Jahren der Wirren und ethischer Aushöhlung des Papsttums bricht die katholische Lehre in sich zusammen. Der letzte Papst flieht aus Rom nach Deutschland und wird seine letzten Jahre an einem geheimen Ort verbringen dürfen. Danach wird der Rest katholischer Christen mit den Protestanten einen gemeinsamen Versuch starten,. Gott zu erkennen und ihn zu lieben.

Damit habe ich in etwa die nächsten 20 Jahre beschrieben, die sowieso auf allen Gebieten zu schlimmen Turbulenzen führen werden. Es bleibt fast nirgends ein Stein auf dem anderen, so dass dieser Zusammenbruch nur einer unter vielen sein wird und durchaus nicht als spektakulär gelten wird, wie diese Aussage sicher heute noch erfahren wird.

Frage 3: Was kann der Einzelne tun, wenn er sich nicht mehr im Raum der Kirche aufhalten mag?

Diese Frage beantworten wir gern, weil man die Antwort in sechs Worten ausdrücken kann, die einst Jesus selbst in einer entscheidenden Rede gesagt hat. Liebe deinen Nächsten wie dich selbst.

Darin ist alles enthalten, was für die eigene Weiterentwicklung notwendig ist. Es beinhaltet totale Achtung, großes Mitgefühl und eine stetige Zuneigung zu jedem Menschen. Ihr werdet verstehen, dass das keine kleine Aufgabe ist, sondern eine, an der die meisten scheitern. Die meisten Menschen sehen sich im Wettbewerb mit anderen, ob es sich um die äußere Erscheinung, die sportliche oder intellektuelle Leistung handelt.. Man benutzt gern Komparative: Sie ist schöner, er ist klüg-er -- dieses Beurteilen ist d a s große Hindernis dafür, dass der Umgang miteinander friedlich und friedfertig abläuft.

Ihr werdet vielleicht über diese Antwort enttäuscht sein. Vielleicht habt ihr etwas erwartet, was den Gebrauch von Weihrauch oder Musik angeht. Das wären Spezialfragen, die zu beantworten sich ebenfalls lohnen würde. Aber nötig sind sie nicht, um Gott näherzukommen – und das ist das Ziel!

Frage 4:   Gott näher kommen – was verstehst du darunter?

Es geht um die Weiterentwicklung von Körper und Seele. Beide gehen den Weg, sozusagen Hand in Hand. Der Körper ist dabei das Vehikel der Seele, der Träger. Er ändert sich, wenn der innewohnende Geist, das Ich, sich ändert. Er wird zarter, transparenter, die Augen leuchtender. Es treten Krankheiten auf, die etwas mit der Ablehnung von Grobem und der Annäherung an feinstoffliche Welten zu tun hat. Z.B. sind Unverträglichkeiten oder Allergien Anzeichen einer solchen Ablehnung grobstofflicher Materie. Psychische Krankheiten sind oft aus der Beeinflussung durch jenseitige Faktoren entstanden. In dieser Zone des Übergangs vom robusten zum sensiblen Menschen treten solche krankhaften Erscheinungen auf.
Man kommt Gott näher, wenn man aufhört, sich von der Liebe in ihrer ganzen Fülle zu trennen. Wer liebt, egal was, ist auf dem Weg zu Gott. Wer einen andersgeschlechtlichen Menschen liebt, macht sich allerdings noch an einer Ersatzperson zu schaffen, aber das Grundgefühl ist in Ordnung. Liebe sieht immer den anderen zuerst und dann sich selber. Ist das Verhältnis umgekehrt, so tritt Eigenliebe oder Egoismus auf, und es beginnt der Tanz um eitle Gewinne, Anerkennung, Bewunderung, Geld, Macht. Dieser Weg führt von Gott weg. Er führt in die Irre, er ist ein Umweg, der den Weg unnötig verlängert, der schon lang und mühselig genug ist. Sieh also im

Gesicht eines Menschen die Spuren Gottes, entdecke sie und freue dich über die Ausweitung deines Herzens und deines Horizonts.

Frage 5: **Was sagst du zum Leid in der Welt?**

Das Leid kann nicht verschwinden, da es der Gegenpol zu Freude und Glück ist. Ohne Leid hätte es nie Leben und Fortschritt gegeben. Es ist eine conditio sine qua non, d.h. es ist unverzichtbar.
Leid kann verschiedene Formen annehmen, es kann persönliches, intimes Leid sein oder gesellschaftliches, politisches. Mitunter greifen die verschiedenen Formen ineinander, wenn z.B. ein Krieg zu großen privaten Verlusten führt. Die Frage nach der Gerechtigkeit stellt sich jedem Menschen im Laufe seines Lebens. Wieso hat der eine alles, um sorglos leben zu können, und dem anderen fehlt es an allem, was man zum Leben braucht. Hier entstehen negative Gefühle wie Neid und Eifersucht oder aber auch Selbstsucht und Dominanzstreben.
Am Ende liegt die Ursache immer beim einzelnen Individuum. Jeder trägt sein Schicksal mit sich. Es ist aufgezeichnet in seinem Kausalkörper und kann bei Bedarf abgerufen werden. Dies geschieht z.B: bei sog. Nahtod-Erfahrungen. Auf jeden Fall gibt es für jede Erfahrung, die eintritt, eine individuelle Ursache. Dies lässt sich nicht mit den vorhandenen Testinstrumenten nachweisen. Eine gewisse Beweisbarkeit liefern allerdings Träume, Aussagen von Sensitiven oder paranormale Erfahrungen.
Aber Leid ist niemals ungerecht.

Frage 6: Warum gibt es das Böse auf der Welt?

Wieder muss ich darauf hinweisen, dass das Böse als Gegenspieler des Guten überall auftreten muss, sonst gäbe es keine Vorstellung von Gut und Böse.
Eine Definition ist entsprechend schwierig . Ich möchte vorschlagen, dass das Böse eine Verneinung der Liebe ist. Was immer ohne Liebe getan wird, trägt Keime des Bösen in sich, die irgendwann zu sprießen beginnen. Auch hier hängt alles vom Verhalten des Einzelnen ab. Ein böses Wort erzeugt ein böses Echo. Eine böse Tat führt zu anderen ähnlichen Taten. Kettenreaktionen lassen sich nur unterbrechen, indem man Verzeihung einübt. Ich sage ausdrücklich „einübt", denn nichts ist schwieriger als Vergebung. Sogar Franz von Assisi sagte das. Hat mich jemand verwundet, braucht es Zeit, bis die Wunde verheilt ist. Dann kann ein Versuch gemacht werden zu verzeihen. Wenn das nicht gelingt, schwelt die Wunde weiter und irgendwann bricht sie wieder auf, sondert Eiter ab und führt zu Schmerz und Vergiftung.
Verzeihen zu lernen, ist oberstes Gebot für jeden. Wer das vollbringt, wer ein böses Wort, eine Verletzung n i c h t zurückgibt, sondern sie einfach mir übergibt, wächst seiner Reife entgegen.

Frage 7: Wann ist ein Mensch reif?

Eine Frucht ist reif, wenn sie das Ende ihrer Reifungsphase erreicht hat, sich allein löst, zu Boden fällt und sich dem Nutzer überlässt.
Versuchen wir, diese Teilaktionen am Menschen nachzuzeichnen.
Ein Mensch hat das Ende seiner Reifungsphase erreicht, wenn er eine Erweiterung seines Bewusstseins erlebt, die ihm zeigt, w e r er eigentlich ist. Dieser Vorgang wird von denen, die ihn erlebt haben, so orgiastisch geschildert, in furiosen Farben und Worten, dass

schon die Lektüre Staunen oder Schrecken hervorruft. Mitunter ist dieser Vorgang, der als „Erleuchtung oder samadhi oder moksha" in den verschiedenen Kulturkreisen bezeichnet wird, in Worten nicht wiederzugeben, da er alle Vorstellungen übertrifft. Im Kern ist dieser zunächst punktuelle und später kontinuierliche Vorgang das Ende der menschlichen Pilgerschaft, denn der Mensch ist „reif" geworden, an Gottes Welt teilzuhaben. Die Ausweitung des menschlichen in das kosmische oder göttliche Bewusstsein hinein, ist das Ziel schlechthin.

Die Frucht fällt zu Boden – d.h. sie hat keine weiteren Aufgaben mehr. Der Mensch braucht sich nicht mehr in einen irdischen Körper zu begeben, außer er tut es aus dem Wunsch heraus, den Menschen zu dienen und ihnen zu helfen, ebenfalls dieses Ziel zu erreichen. Die großen Boten Gottes haben dies getan. Sie haben sich am Ende ihrer eigentlichen Ausbildung freiwillig noch einmal inkarniert, um ihren Mitmenschen den Weg zu weisen.

Die Frucht dient anderen, d.h. sie schmeckt süß und ist voller Duft und Geschmack.

So ist es der Mahatma auch, ein Mensch, der anderen dient, der nichts mehr für sich selber möchte, einer, den die Menschheitsgeschichte nie übersieht, so groß ist seine Wirkung, seine Strahlung, sein Einfluss. Rama, Krishna, Ramana Maharshi, Sai Baba – Namen aus dem indischen Kulturraum, Buddha, Laotse Christus, Zarathustra, Mohammed -- Namen aus anderen Regionen der Welt, die sich anderer Wege, anderer Gebräuche, anderer Rituale bedienen, um den rohen Diamanten zu schleifen, der der Mensch ist.

Frage 8: Warum hat Gott dieses Experiment mit dem Menschen gemacht? Zu welchem Zweck und aus welchem Grunde?

Ja, diese Frage ist berechtigt, vor allem, wenn man bedenkt, wie viel Leid und wie viel Böses auf der Welt, eurer Lebensbühne ist.

Du stellst in einer Frage gleich zwei. Aber das macht nichts. Ich werde sie nacheinander beantworten.

Zu welchem Zweck hat Gott die Menschen geschaffen? Zu seiner absoluten Befriedigung seines Verlangens nach Begegnung und Erfahrung, zur Ausweitung seines eigenes Bewusstseins. Jeder von euch ist ein Teil Gottes, ein einzigartiger Lebensaspekt des Göttlichen. Gott braucht – wie ihr – ein Gegenüber. In der Einsamkeit seiner eigenen Welt war alles nichts und doch war im Nichts alles enthalten. Das mag enigmatisch klingen, aber es ist die Wahrheit. Aus dem alles enthaltenden Nichts entstanden der Kosmos, das Universum mit all seinen lebenden Geschöpfen auf den verschiedenen Bewusstseinsstufen. Die höchste Stufe, die bislang erreicht worden ist im Laufe von Jahrmillionen ist der Mensch.

Aber wenn auch die Vielfalt der Erfahrungen den ersten Hunger, das erste Verlangen nach Dialog, nach Erfahrung gestillt hat, so ist das eigentliche Ziel noch nicht erreicht. Es gibt einen Übermenschen, der über die Schwelle des Menschlichen herausragt. Dazu gehören die großen Wesen, die Mahatmas, wie sie die Inder nennen. Sie haben den Entwicklungsweg auf der Erde zurückgelegt, sie sind in der Lage, in Gott aufzugehen, d.h. eins zu werden mit seinem Bewusstsein, sie sind die Avantgarde auf dem spirituellen Weg.

Der spirituelle Weg eines Menschen beinhaltet ein Jahrhunderte langes Streben nach Vollkommenheit, das niemals in einer Verkörperung zu erreichen gewesen wäre. Allzu schnell nutzt sich die physische Hülle ab, die die ganze Mühe der Auseinandersetzung mit dem

Lebenskampf zu tragen hat. Deshalb ist die Fortführung eines Lebens mit den jeweiligen inneren Körperhüllen eine Art Trick, den Zyklus der Vervollkommnung beenden zu können. Gott wendet also auch Tricks an: Du lächelst? Oder findest Du das unangemessen? Deine Beurteilung entspricht Deinem Reifegrad und deinem Bild von Gott in deinem Herzen. Gott ist alles, was ist, keine Person in eurem Sinne. Er ist das Beseelende schlechthin, der Geist, der durch die Jahrmillionen auf der Suche nach Erfahrungen ist. Ich habe euch erschaffen, um mich selber einen Schritt voranzubringen, ihr seid meine Stellvertreter auf der Bühne des Lernens. Wenn ihr etwas hinzulernt, dann tue ich es durch euch. Ihr seid nicht Statisten in diesem großen göttlichen Spiel, sondern ihr seid die Akteure, während ich auch im Zuschauerraum sitze und mit allen Sinnen dabei bin. Ich verwende nun Bilder, um euch dies verständlich zu machen. Spielt ihr eure Rolle gut, d.h. bleibt ihr auf der Bühne trotz Versagen, Kummer und Bosheit der anderen Mitwirkenden, dürft ihr in einem späteren Stück anspruchsvollere Figuren spielen. Ich bin der Regisseur, ich beurteile, welche Rollen ihr bekommt, aber ihr müsst die Rolle ausfüllen, ihr müsst euer Bestes geben, um mich zu beeindrucken. Es ist also ein Wechselspiel zwischen euch und mir, das da stattfindet. Glaubt nicht, dass ich unberührt bleibe von dem, was in der finstersten Ecke der Bühne passiert. Ich leide mit, ich trauere mit, ich begreife nicht, wie sehr man sich in eine Sache verstricken kann, ich suche nach Lösungen, an denen der Schuldige nicht zerbricht.

Alles, was ihr tut, ist, ein grandioses Schauspiel aufzuführen, jeder auf seine Weise und mit seinen Mitteln. Ihr müsst doch wenigstens zugeben, dass es euch gelegentlich Spaß macht. Ihr werdet mir doch auch beipflichten, dass euch manche Liebesspiele geradezu in Ekstase versetzen, ihr werdet mir natürlich auch die Schuld geben, wenn es euch kalt erwischt und ihr Schmerzen leidet, physische, seelische,

Wachstumsschmerzen der besonderen Art. Ich liebe euch alle, jeden einzelnen. Ich staune, wie begabt ihr seid, wie schrecklich es ist, wenn jemand die falsche Rolle wählt. Ich erlebe seinen Sturz, seine Scham, seine Niederlage mindestens so sehr wie er. Seht in mir jenen Teil, der euch braucht, um sein Projekt durchzuführen. Wie sollte ich es nennen? Es hat etwas mit unvorstellbarer Schönheit zu tun, mit undenkbarer Größe und höchster Vollkommenheit. Ich will über mich hinauswachsen, und ich kann es nur mit eurer Hilfe. Ich bin auf euch angewiesen, aber ihr auch auf mich. Ihr habt einen Bonus bekommen, den ihr nachträglich verdienen müsst. Manchmal veruntreut ihr das übergebene Gut, manchmal vermehrt ihr es. Dann spüre ich euren Einsatz und bin dankbar. Ja, staunt ihr nicht darüber, dass Gott dankbar ist? Es wird euch immer ans Herz gelegt, Gott dankbar zu sein, auch wenn ihr gerade ein ganzes Leben den Müll anderer Leute entsorgt habt. Das ist ja fast eine Zumutung. Aber zu wissen, dass auch Gott euch dankbar ist für alles, was ihr tut, ist ein Heftpflaster, wie ich hoffe.

Ich wiederhole also: Ich habe mich verströmt, in Milliarden Lebenskeime aufgelöst, um mich selber weiter zu entwickeln. Das ist die effizienteste Methode, wie ihr zugeben müsst. Was wäre es, wenn ich es allein tun müsste. Niemals könnte ich in einer kurzen Zeitetappe so viel erreichen, wie ich es durch eure Mithilfe kann. Ich denke auch, dass ich das Recht dazu habe, auch wenn vielleicht der eine oder andere mich einen Sklavenhalter nennen könnte. Das bin ich jedoch nicht. Ich habe euch alle Instrumente gegeben und gesagt, dass ihr sie zum Wohle aller einsetzen solltet. Einige tun es dauernd, manche tun es vereinzelt, wenige lehnen das ab und andere sind ständig im Aufruhr und möchten aus der Reihe tanzen. Ich verstehe diese Bedenken und Einstellungen. Aber nicht nur ich habe eine Chance, auch ihr werdet reich belohnt, indem ihr eines Tages euch wieder mit mir vereinigt, weil ihr meine Bewusstseinsstufe durch

euer hingebungsvolles Tun erreicht habt. Dann seid ihr ich, auch wenn es euch zunächst noch fremd vorkommen könnte. Dann werdet ihr euch auch an diesem expansiven Spiel beteiligen wollen, denn nichts ist so grandios wie das Erreichen dieses Ziels. Dann werdet ihr für alle Mühe entschädigt sein und ihr werdet meine Liebe glühend erwidern, so wie ich euch in all den Jahrmillionen glühend geliebt habe. Denn ihr seid Lebensfunken, ausgeschickt in die Dunkelheit, die wieder ins Licht zurückkehren werden.
Deswegen heißt dieser Vorgang Er-leucht-ung.

Frage 9: Das ist eine grandiose Vision, aber ist es auch schön für dich, wenn jemand durch einen Unfall im Rollstuhl sitzen muss und von anderer Hilfe abhängig ist?

Nein, schön ist es nicht, aber hilfreich. Auch solche Zustände tiefster Verzweiflung müssen entdeckt und erforscht werden. Wie kam es zu einem Unfall, wer hat eine solche Krankheit in die Familie gebracht? Denn nach den Ursachen muss geforscht werden, wenn der ganze Tatbestand einer Beurteilung unterworfen werden soll. Ein Unfall ist immer eine karmische Bürde, die abgegolten werden muss. Früher – in einem der vergangenen Leben – hat dieser Mensch etwas getan, was ihn nun verpflichtet, dafür Verantwortung zu übernehmen. Dieses schwere Schicksal ist also von ihm selber verursacht worden, und er hat jetzt die Gnade, dies wieder gut zu machen. Es klingt hart für dich? Durchaus. Das Leben ist nichts für Träumer. Es heißt die Augen offen zu halten und sich bei größeren Anlässen ständig zu fragen, was die richtige Tat, das richtige Verhalten ist. Die einzige Richtschnur ist der Mangel an Liebe.
Es ist also nicht schwer, sich für das richtige Handeln zu entscheiden. Wenn ich einem Menschen folge, der plötzlich seinen Geldbeu-

tel verliert, hebe ich ihn auf und gebe ihn der Person „aus Liebe" zurück.

Wenn ich jemanden treffe, der mir plötzlich ins Gesicht schlägt, aus welchem Grunde oder welchem Anlass auch immer, wehre ich mich und erstatte Anzeige. Er hat gegen die Liebe verstoßen. Er hätte eine Hemmschwelle nicht zu übertreten brauchen. Ihr habt seit Mose, einem jener Mahatmas, von denen ich gesprochen habe, Gesetze erhalten, die euch bei der Wahl eurer Mittel helfen. Versucht, diese Gesetze zu halten, alles andere ist in Ordnung. Ich erwarte keine Askese, keine Selbstquälerei, kein Zölibat, ihr dürft alles genießen, was euch euer Körper und euer Geist erlaubt, solange ihr niemanden dabei schädigt. Selbst der Besuch einer Prostituierten ist in Ordnung, solange sie menschlich behandelt und bezahlt wird. Sie ist auch ein wichtiges Glied in jeder Gesellschaft, da viele Männer mit den Forderungen ihres Geschlechts nicht zurecht kommen.

Ihr seht also, wie durchaus großzügig dies gehandhabt werden kann. Aber die eine rote Linie darf nicht überschritten werden: Denkt, dass ihr in jedem Menschen Gott begegnet und verhaltet euch dementsprechend – dann ist alles in Ordnung.

Aber zurück zu dem Querschnittgelähmten im Rollstuhl. Auch er hat in diesem Leben eine Chance. Er lernt sehr viel hinzu, z.B. Abhängigkeit zu ertragen, Dankbarkeit zu lernen, Demut einzuüben, so viele wichtige Eigenschaften werden in diesem Zustand äußerster Not und seelischer Einengung gelernt, so viel Karma kann durch dieses eine schmerzvolle Leben gelöscht werden. Ihr müsst in anderen Kategorien denken lernen. Nicht der Tod ist der Horizont, an dem die Sonne untergeht. Nein, nach diesem Leben, das sicher zu den schwersten gehört, warten andere Lebensentwürfe auf euch, die dann die Gaben, die ihr eingesammelt habt, zeigen können. Nach einem behinderten Leben wartet ein großes Leben auf euch. Denn auch wenn es vielen nicht so einleuchtet, hinter allem Geschehen waltet Gerechtigkeit. Es ist eins der höchsten Güter im Kosmos.

Wenn du also, liebes Menschenkind, zu jenen gehörst, die nicht tanzen können, die nicht spazieren gehen können, denen aufzustehen ein unlösbares Problem erscheint – haltet dieses schwere Leben aus, denn es winken dafür große schöne Gaben in der Zukunft.

Und ihr, die ihr sorglos eure Gliedmaßen benutzen könnt, die ihr undankbar mit dem großen Geschenk eines gesunden Körpers umgeht, achtet darauf, dass ihr euch nicht durch falsches Verhalten ein solches eingeschnürtes Leben einhandelt, nichts ist „Zufall", alles ist „Zu-fall"! Achtet auf diesen Unterschied, und ihr habt die Grundlagen für ein ereignisreiches und gesundes, schönes Leben geschaffen.

Frage 10: Ist Krankheit denn selbst verschuldet?

Ist es ratsam, mit solch schweren Fragen eine Beziehung zu mir aufzubauen? Ich fürchte, dass ich viele, die sich wohlmeinend und voller Hoffnung aufgemacht haben, dieses Buch zu lesen, nach dieser Antwort das Buch verstimmt und trotzig weglegen.

Aber du hast gefragt und ich antworte dir, gern und nicht diplomatisch, d.h. ehrlich.

Gleichgültig worum es in einem Leben geht, um einen Partner, eine Arbeit, eine Krankheit, einen Lottogewinn – die Ursachen sind selbst gesetzt worden. Das kann durchaus in eurem gegenwärtigen Leben der Fall sein, aber auch in früheren Inkarnationen. Denn neben den materiellen Ursachen gibt es die geistigen. Dieses Gesetz erlaubt nur im Einzelfall Ausnahmen. Im Allgemeinen gilt es für alle zu aller Zeit und in allen Kulturen. *Was der Mensch sät, das wird er ernten.* Dieser Satz ist euch Christen gut bekannt. Wer also eine gute Tat ausführt, wer z.B. einem Hungernden zu essen gibt, der wird dafür vielleicht einen Lottogewinn später im Leben erzielen. Wer ein Kind krankenhausreif geschlagen hat, wird einmal ein krankes Kind heranziehen, dass ebenfalls eine solche karmische Bürde verdient.

So ist auch jede schwere Krankheit selbst hervorgerufen, und die Opfermentalität, die weit und breit anzutreffen ist, ist nicht weitsichtig genug. Der erste Schritt heißt: Übernimm die Verantwortung, und dann versuche, die Krankheit mit Hilfe eines Arztes oder Heilers zu heilen, und dann bemühe dich, im weiteren Leben keinem Menschen Schaden zuzufügen. Auf guten Taten liegt Segen. Dies sollte der Leitspruch in eurem Leben sein. Kontinuierlich wird so gutes Karma geschaffen, was dann reiche Früchte in der Zukunft bringt.

Wer diese Kenntnis besitzt, wird die Gesunden nicht beneiden, denn sie haben dieses Gesetz in der Vergangenheit beachtet und sich dadurch einen tüchtigen Körper aufgebaut.

Auch die psychischen Krankheiten sind natürlich Ausdruck eines Fehlverhaltens in der Vergangenheit. Zunächst zeigen sie, dass diese Seele bereits einen längeren Weg zurückgelegt hat und recht sensitiv geworden ist, d.h. sie hat Zugang zu anderen feinstofflichen Ebenen. Dort begegnet sie nun Wesenheiten, die guten Willens sind oder jenen, denen sie in einem früheren Leben Schaden zugefügt hat. Oft werden so über Jahrhunderte hinweg Vergehen gebüßt – eine schwere Last, die ebenso drückt wie finanzielle Schulden.

Da höre ich die Mütter weinen, die ihr Kind durch Krebs früh verloren haben. Ein furchtbares Schicksal, gewiss. Es ist nichts schlimmer für Eltern, als diesen Verlust zu erfahren und durchzustehen. Aber wenn sie wissen, dass sich dieses Kind nun einer großen Bürde entledigt hat, dass es ein falsches Verhalten in der Vergangenheit gelöscht hat und in der Zukunft mit einem starken schönen Körper geboren werden kann, dann sollte auch diese Herausforderung bestanden werden können.

Liebe Eltern, liebe Patienten, liebe Ärzte, ihr alle habt es nicht leicht. Ihr habt es damit zu tun, alte Schuldenkonten aufzulösen. Da ist viel Mühe, Einsatz, Schmerz und Trauerarbeit zu leisten. Aber die Opferrolle sollte niemand übernehmen. Das ist nicht weitsichtig genug. Das führt dazu, dass man die eigentliche Ursache anderen in die Schuhe schiebt und sich davon trollt, ohne etwas gelernt zu haben. Ich rede aber mit euch, damit ihr erwachsen und reif werdet und das Leben tiefer versteht und verantwortungsvoller damit umgeht. Ihr seid – wie ich – die Schöpfer eurer Schicksale, ihr entwerft euer Leben und ich schaue zu, lerne daraus und habe meine Freude daran. Wir sind ein großes Team von Künstlern, die einen kosmischen Teppich weben, der möglichst frei von Webfehlern sein sollte. Ihr entwerft das Muster, ich korrigiere ein bisschen, ihr wählt die Farben, und endlich entsteht ein Meisterwerk. Glaubt mir, am Ende des Weges werden wir fasziniert diesen riesengroßen Lebensteppich des Universums betrachten. Aller Anfang ist schwer. Aber was Hänschen nicht lernt, lernt Hans doch noch! Gebt nicht auf! Lasst euch nicht von den Problemen, dem Leid, der Mühe kaputt machen. Haltet durch, bügelt die Schwächen aus, entwirrt die alten Webfehler und nehmt den Faden wieder auf. Beharrlichkeit ist vonnöten, Standfestigkeit und Vorfreude. Ihr schafft es, eines Tages ganz gesund durchs Leben zu gehen, ohne Schmerzen und mit einem Lächeln auf dem Gesicht.

Frage 11: **Reden wir zur Versöhnung einmal von etwas, was heutzutage eine ganz große Rolle spielt: Sex und Sexualität. Was sagst du dazu?**

Zur Versöhnung? Habe ich irgendjemanden verletzt? Das täte mir sehr leid. Ich sage die Wahrheit, soweit es möglich ist. Denn dazu haben wir dieses Frage-Antwort-Spiel eingeführt. Entweder wir bleiben dabei oder wir lassen es. Ich halte nichts von Diplomatie.

Du willst etwas über Sex hören. Damit sind ganze Bibliotheken gefüllt worden, alle Weltromane enthalten seitenlange Ausführungen darüber, was man aus dieser Handlung machen kann.

Also zunächst ist Sex eine Handlung, die sich zwischen lebenden Organismen vollzieht, nicht nur zwischen Menschen, sondern auch Tieren und Pflanzen und allen Kleinstlebewesen, die dadurch ihre Art erhalten. Es ist einer der zwei Hauptinstinkte des Menschen, der Fortpflanzungs- und der Überlebensinstinkt. Damit ist jedes Wesen ausgestattet und jedes Wesen unterliegt ihm, setzt sich damit im Laufe seines Lebens mehrfach und durchaus flexibel damit auseinander.

Sex ist das schöpferische Instrument, das dem Menschen zur Verfügung steht. Menschen reproduzieren sich, um anderen Seelen die Wiedereinkörperung zu erlauben. Das ist der eigentliche tiefe Sinn der Kopulation.

Die Macht dieses Triebes ist enorm, vielleicht ist er der stärkste Trieb überhaupt. Dahinter steckt natürlich die göttliche List, etwas aufrecht zu erhalten. Leben soll andauern, und wenn ein menschlicher Körper nach nahezu 80 Jahren verfällt, müssen junge, neue Körper da sein, die Gaben in Aktivitäten verwandeln. Das Leben geht weiter.

Wenn Menschen Kinder haben, also Nachkommen, verfallen sie auch der Vorstellung, unsterblich zu sein. Das ist die einfache Version eines tatsächlichen Phänomens. Denn sie sind ja unsterblich, zwar nicht ihre Körper, aber ihre Seelen. Doch zuerst finden sie in ihren Nachkommen die Erfüllung ihres ewigen Traums. Das ist also der zweite Trick.

Sex bietet dem Menschen also die Möglichkeit, sich weiter zu realisieren, und er bietet auch Lustempfindungen auf der physischen und seelischen Ebene. Ein sexueller Akt ist ein Vorgeschmack auf die Ekstase der Erleuchtung.

Vielleicht habe ich das ein wenig überspitzt formuliert, aber die Auflösung des Ichs auf dem Höhepunkt des Orgasmus, zwar nur kurzzeitig, ist ein Übersteigen der eigenen Grenzen. In dieser Ekstase soll der Keim für ein neues Wesen aus der geistigen Welt geholt werden. Dann empfängt eine wartende Seele sozusagen einen Ruf, in die Erdenwelt hinabzusteigen und sich zu seinen neuen Eltern zu begeben. So wird gleich zu Beginn eine Beziehung zwischen den potentiellen Eltern und ihrem Kind hergestellt.

Diese Funktion der Fortpflanzung hat sich schließlich erweitert, indem diese Handlung als „Liebesakt" verstanden wird. Das ist in Ordnung, denn Liebe will immer verbinden. Und der Akt verbindet zwei Menschen sehr direkt und intim. Das sollte allerdings nicht in kleinen Münzen ausgeteilt werden, wie es heute in der westlichen Welt und anderen Kulturvölkern gang und gäbe ist. Sex als Amüsement ist als Verfall anzusehen, als eine Beleidigung eines an sich heiligen Schöpfungsvorganges. Die Katholische Kirche hat noch eine vage Erinnerung daran, indem sie Verhütungsmittel verbietet und damit an der ersten Funktion, der Fortpflanzung, festhält. Aber dies wird als nicht mehr zeitgemäß angesehen und bereits in vielen Kreisen angeprangert. Gründe dafür gibt es allerdings auch genug, da gerade in Entwicklungsländern Sex als Sport betrieben wird und dadurch zu viele Kinder geboren werden, die das Land nicht ernähren kann. So müssen viele Parameter heute in der modernen Welt berücksichtigt werden.

Sexualität gehört zum Leben wie Hunger und Durst. Wer sie ausbremst, wer sie niederknüppelt, wie es früher in Klöstern praktiziert wurde, vergeht sich am Leben selbst. Alle Praktiken, mit diesem Trieb im Gleichgewicht zu leben, sind angebracht, solange keine Gewalt angewendet wird. Die Verquickung von Sex mit Gewalt – wie es ständig in Kriegen passiert – ist absolut verwerflich und eine schändliche Variante. Alle Verirrungen, die von der Norm – liebevoller Kontakt zwischen Mann und Frau – abweichen, also Pädophilie, Sodomie und andere pornographische Abweichungen, sind vehement abzulehnen und von den entsprechenden Kontrollzentren abzulehnen. Eine Gabe kann immer auch missbraucht werden. Das wäre damit der Fall.

Solche triebhaften Anlagen wie Pädophilie sind angeboren und deuten auf eine total missbrauchte Sexualität in einem Vorleben hin. Dass hier das Zölibat eine besonders schlimme Rolle spielt, ist leicht einzusehen. Prüderie ist in Ordnung, denn alles muss gelernt werden, sexuelle Exzesse zwischen mehreren Erwachsenen und Partnertausch in der Ehe, sind ebenso schlimme Verfehlungen wie das zölibatäre Leben, das nach anderen Ventilen suchen muss, um dem Sturm der Gefühle standzuhalten.

Ich plädiere dafür, sogar Einrichtungen, die diesen sexuellen Stau legal beseitigen können, einzurichten, wie es durch die Tempelpriesterinnen im alten Ägypten gewährleistet war. Junge Männer sollten die Möglichkeit haben, mit reifen Frauen in ihre Sexualität eingeführt zu werden. Dies könnte als angesehenes Ehrenamt oder besondere Berufung verstanden werden, damit die Gesellschaft von entarteten Formen der Sexualität befreit wird.

Jeder angeborene Trieb hat eine Hauptfunktion. Hinzu kommen gewisse Verlockungen und schließlich ergeben sich Entartungen.
Nehmen wir den Hunger als primären Trieb eines menschlichen Wesens. Wer hungrig ist, muss essen, um dem Körper jene Nah-

rungsmittel zuzuführen, die er für das Weiterbestehen braucht. Dies ist ein heiliger Vorgang sozusagen.

Dass die Nahrung darüber hinaus dem Geruchssinn, dem Geschmackssinn und mitunter auch dem Gesichtssinn schmeichelt, ist Verlockung.

Und wenn jemand daraus eine Sucht macht und das Essen zu seiner Hauptbeschäftigung und seinem Hauptinteresse macht, kommt es zu jenen Dickwänsten, die die Straßen der reichen Kulturländer bevölkern und Zeichen einer Entartung sind.

Das ist Suchtverhalten.

So haben wir auch bei der Sexualität die Fortpflanzung, die Ekstase der Wollust und dann die Entartung (Gewalt).

Ich möchte nicht missverstanden werden. Ein Verzicht auf dieses Angebot des Lebens MUSS nicht schlecht sein. Natürlich gibt es Menschen, die sich in früheren Leben zu einer solchen Einstellung – sicher auch mit verwerflichen Mitteln – durchgerungen haben. Wenn diese sich nun für ein Leben entscheiden, das Sexualität ausschließt, ohne dass Ersatzhandlungen dafür eintreten müssen, ist das natürlich in Ordnung.

Auch hier gilt das grundlegende Lebensgesetz. Was du aus Liebe machst, ist in Ordnung. Aber schade niemandem dadurch, denn die Folgen musst du an deinem eigenen Körper abtragen. So kann es durchaus sein, dass jemand, der in einem früheren Leben vielleicht sogar als Soldat Frauen vergewaltigt hat, sich in diesem Leben als missbrauchtes Kind wiederfindet. Spiegelbildliche Entsprechungen lassen sich auf der Akashachronik entdecken. Täter verwandeln sich in Opfer, wobei beide daraus eine Erkenntnis gewinnen sollten.

Sexualität wird im Buddhismus und Hinduismus auch als Weg zu Gott angewandt. Dieser Weg wird als Tantrismus beschrieben. Er nutzt gewisse Fakten, die während des Sexualakts auftreten als Grundlage für eine Einstimmung auf den höchsten Liebespartner, nämlich Gott. Die beiden Partner, Mann und Frau, sehen in sich nichts weiter als göttliche Wesen, die beide in Gott aufgehen wollen, und der Strom der Liebe, das Ejakulat, wird nicht in die weibliche Höhle, sondern in die eigene Herzensgrube transportiert. Dies wird jedoch in vielen westlichen Zentren völlig falsch und verunreinigt gehandhabt, und ich möchte euch davor warnen. Nur ein Meister ist in der Lage, diesen Weg gefahrlos und absolut in Übereinstimmung mit der alten heiligen Lehre zu übermitteln.

Frage 12: Was sagst du zum Verfall der Ehe, den Patchwork-Familien und der neuen Moral?

Eine Ehe wird im Himmel geschlossen. Dieses Wort ist weise. Es stellt aber keine Realität fest, sondern einen Traum, der tief in eurer Seele wurzelt. Es gibt niemanden unter den Menschen, der sich nicht diese eine tiefe, alle Wünsche befriedigende Begegnung gewünscht hätte. Der Urtraum der Geschlechter, eine Erinnerung an die Zeit, da beide Geschlechter noch vereint waren, in einer Art Kugel. Eine spätere Trennung führte dazu, dass die Erinnerung an diesen Zustand solche Wünsche aufsteigen ließ.

Es mag durchaus sein, dass dies bei vielen Eheschließungen auch heute noch am ersten Tag der Fall ist. Man erwartet eine stabile Ehe, in der Freude und Vertrauen vorhanden sind und beide füreinander da sind und füreinander einstehen. Leider verblassen diese Erwartungen im Allgemeinen sehr schnell, und eine tiefe Enttäuschung erfasst beide oder einen Partner. Früher erlaubten es die gesellschaftlichen Normen in eurem Kulturraum nicht, dass sich die Partner trennten. Also musste man zusammen bleiben und eine Tragödie bahnte sich an, die meist von den Frauen stärker ertragen werden musste. Aber man erfüllte doch einen alten Plan, den das Karma der beiden organisierte. Man erlöste sich gegenseitig – oder lud sich neue Schulden auf.

Die Tatsache, dass es heute mehr Freizügigkeit im Umgang der Geschlechter miteinander gibt, ist zu begrüßen. Eine alte verstaubte Moral, die beide einengte, ist bekämpft und ersetzt worden durch den freien Umgang mit seinen jeweiligen Partnern. Dass es dabei immer noch zu Eheschließungen kommt, zeigt, dass das alte Modell durchaus noch tragfähig ist. Denn was es der neuen Freiheit voraus hat, ist der gesicherte Rahmen der Familie, in der junge Erdenbürger sicher heranwachsen können.

Dieses Band ist nun auch gelockert worden, und da beginnen natürlich die Probleme. Kinder, die ihre Eltern verlieren – durch den Weggang eines Teils –, verlieren ein Stück Lebensfreude und können sich auch nicht auf das jeweilige andere Geschlecht gebührend vorbereiten. Sie stehen hilflos der Frau gegenüber, wenn sie ihre Mutter nicht aus der Nähe kennengelernt haben. Es ist auch zu erwarten, dass diese jungen Frauen diesen unerprobten Mann schnell wieder verlassen. Über Generationen hinweg werden so Beziehungsmuster weitergegeben, vererbt.

Die Vielfalt von Erfahrungen ist aber der Zauber des neuen Modells. In einem Leben können viele alte karmische Verbindungen bearbeitet werden. Alle habt ihr euch solche Lasten aufgeladen, und nun könnt ihr in einem Leben kräftig aufräumen.

Man kann also diese neue Moral der Freizügigkeit im Beziehungsbereich durchaus positiv bewerten. Allerdings kommt es dabei auch zu Folgeschäden, je nachdem ob Kinder sehr feinfühlig oder eher robust und geerdet sind. Sehr sensible Kinder können oft solche Unsicherheiten, solche Verluste nicht ertragen und falls sie sich gerade in einer sensiblen Entwicklungsphase befinden, entweder daran zerbrechen oder doch Schaden nehmen. Viele weichen dann in eine psychische Krankheit aus oder entwickeln Suchtverhalten.

In der Zukunft wird es auch Ehen geben, sicher ohne staatliche Anerkennung. Wenn zwei Menschen sich das Wort geben, werden sie Eheleute sein. Sie werden sich allerdings auch verpflichten, ihren Kinder so lange Eltern zu bleiben, bis diese volljährig sind. Bis dahin werden sie ihre Elternpflichten erfüllen. Danach sind sie frei, neue Beziehungen einzugehen.

Der Vorteil einer solchen Einrichtung ist, dass es keinen sexuellen Vandalismus gibt, also keine „unehelichen" Kinder geboren werden, deren Eltern sich verzettelt haben. Dies wäre eine gute schonende Lösung, aber sie wird nur von sehr wenigen, fortgeschrittenen Menschen durchgeführt werden können. Das aber wäre das Ideal. Danach könnte eine freie Wahl anderer Partner eintreten mit der Auflage, auf späte Kinder zu verzichten, denn auch in diesem Fall, bei Eltern fortgeschrittenen Alters – passiert es, dass ein früher Tod die Kinder eines Elternteils beraubt. Ich plädiere also nicht für Ehen zwischen alten Männern und jungen Frauen, die sich ein spätes Glück auf Kosten ihrer Kinder erkaufen wollen.

Frage 13:   Warum gibt es kinderlose Paare?

Das ist eine durchaus berechtigte Frage. Natürlich muss ich wieder auf frühere Leben zurückgreifen. Vielleicht hat sich jemand in einem früheren Leben gegenüber Kindern vergangen, so dass er das eigene Erbgut entsprechend belastet hat. Oder er hat selber als Kind grauenhafte Erlebnisse gehabt – wie z.B. einen Suizid der Mutter oder einen Unfall des Vaters, oft mit eigenen Augen gesehen, so dass eine psychische Zeugungsunfähigkeit auftritt. Dies kann jedoch unter besonders günstigen Voraussetzungen aufgehoben werden, wenn die Liebe der beiden Partner sehr groß ist.

Die gegebenen physiologischen Tatsachen spielen natürlich eine Rolle, sie sind aber immer schon Ergebnis einer früher angelegten Verfehlung.

Frage 14:   Warum gibt es Pädophilie?

Hatten wir diese Frage nicht schon ansatzweise beantwortet? In der Vorzeit des Menschengeschlechts war es Usus, dass Kinder von den Eltern in ihre Sexualität eingeführt wurden. In vielen Gesellschaften wie z.B. im Alten Griechenland, gehörte das zu den Aufgaben des Lehrers, die jungen Knaben an Studienfächer wie Wissenschaft, Sport und Sexualität heranzuführen. Im Alten Ägypten wurden Ehen im Rahmen der Verwandtschaft geschlossen, bis man schließlich erkannte – durch Beobachtung –, dass es besser war, den Genpool zu erweitern und sich nicht nur aus dem eigenen Pool weiter zu vermehren. Es traten immer mehr Behinderungen auf, so dass schließlich eine Inzestschranke künstlich eingerichtet wurde. Fortan galt es als sündhaft, mit der Schwester oder dem Vater ins Bett zu gehen.

Die Neigung ist also in den tiefsten Schichten eures Unterbewusstseins verankert und stellt sich deshalb auch heute noch als beherrschender Trieb ein. Dies gilt als verwerflich, ja ungesetzlich und wird vom Gesetz verfolgt und mit Höchststrafen belegt. Aber die Schuldigen sind in der Tat Opfer, die diesem Atavismus selber nicht entfliehen können. Sie können nur durch eine sexuelle Einschränkung, d.h. durch Kastration von ihrer Neigung befreit werden. Aber das hat natürlich auch furchtbare Auswirkungen auf den jeweiligen Menschen.

Nach einer Therapie wird gesucht, aber bislang ist keine vorhanden, und so sollte man solche Täter an Orte bringen, wo sie keinerlei

Kontakte zu Kindern haben können, eine grausame, aber angesichts der seelischen Verwüstung der Opfer zumutbare Strafe.

Frage 15: **Diese Opfer-Täter-Problematik lässt mich mitunter an Gottes Größe zweifeln. Warum muss das alles so schmerzhaft ablaufen?**

Warum ist Schmerz etwas Böses? Schmerz gehört zum Leben wie Wasser zur Erde und Freude zum Leid. Das Leben beginnt unter allergrößten Schmerzen, und das Ergebnis ist die größte Freude. Beides bedingt sich, Gegensätze sind die Spannungspole, zwischen denen sich das Leben offenbaren kann, zwischen denen sich L e b e n erfährt. Alles andere wäre Stillstand, Statik. Einmal schön, immer schön. Einmal gesund, immer gesund. Einmal tot, immer tot.
Da bliebe Entwicklung aus. Da gäbe es keine Veränderung, kein Wachstum. Ein schöner Mensch, der nicht einmal erlebt hat, wie schmerzhaft Hässlichsein sein kann, wird nie zu einer von innen leuchtenden Schönheit heranwachsen können. Seht einmal die alten Gesichter von Menschen aus Entwicklungsländern an. Welche Würde lebt in ihren zerklüfteten, welken Gesichtern. Und stellt dann ein geliftetes, aufgespritztes westliches Gesicht einer alten Schönheit dagegen. Seht ihr den Unterschied?
Wenn euch also etwas als schmerzhafter Gegensatz entgegentritt, ergreift die Chance zu reifen.

Frage 17: **Wie sollten Kinder aufwachsen dürfen?**

Umgeben von elterlicher Liebe in den ersten drei Jahren. Die Behauptung, Kinder sollten so früh wie möglich in eine Kita hält allen Erfahrungen nicht stand. Kinder wachsen am besten auf, wenn die

Mutter in den ersten drei Lebensjahren als ständige Bezugsperson da ist.

Wollte der Staat also eine gute Familienpolitik machen, so würde er die schwangere Frau zunächst völlig von bösen Einflüssen, d.h. Angst, Misstrauen, Verleumdung etc. abschirmen und sie finanziell unterstützen. Danach sollte eine alleinerziehende Frau vom Staat unterstützt werden und zwar so, dass ihr ein Mindesteinkommen zur Verfügung steht, das höher sein sollte als der Betrag, der jetzt Arbeitslosen bezahlt wird. Ein Baby braucht sehr viel in der ersten Zeit, Anschaffungen sind nötig und förderlich und deutlich teurer als Dinge, die für Erwachsene erforderlich sind. Hier sollte der Staat nicht geizig sein. Für die ersten drei Jahre sollten gestaffelte Beträge für Mutter und Kind bereit gehalten werden. Danach wird erst die Frage nach einem Kindergarten aktuell, denn dann hat das Kind eine eigenständige Persönlichkeit, ist nicht mehr chronisch abhängig von der Mutter. Erst dann kann es Trennungen von den Eltern als nützliche fröhliche Unterbrechungen begreifen und nicht als Angst einflößende Zeiten. Es ist dann bereits in der Lage, sich zu verständigen und wird also keine Probleme haben, Fragen zu stellen und eine Antwort zu verstehen.

Die Behauptung, die als Begründung eingeführt wird, solche Kinder würden von Bildung fern gehalten, ist ein dürftiges Argument, denn dreijährige Kinder können sehr viel schneller eine fremde Sprache lernen als einjährige. Ein einjähriges Kind wird durch eine zweisprachige Ausbildung, Mutter spricht eine Fremdsprache, Kita-Angestellte spricht Deutsch, völlig überfordert und zieht sich eher vor diesem Kauderwelsch zurück, d.h. verweigert das Spracherlernen.

Es gibt bereits entsprechende Forschungsarbeiten darüber, aber sie werden einfach nicht berücksichtigt, da der Trend zur Berufstätigkeit der Frau als modern und notwendig erachtet wird.

Damit wir nicht missverstanden werden: Natürlich bejahen wir eine intensive Ausbildung der Frau, deren Begabungspotential entdeckt und genutzt werden sollte. Aber: Solange ein kleines Kind ihre Hilfe braucht, muss sie zu einem kurzzeitigen Opfer bereit sein, zumal sie diese Erziehungspause vom Staat vergütet bekommt. Erst danach kann sie ihre Ausbildung bzw. ihre berufliche Tätigkeit fortsetzen. Optimal wäre eine Halbzeitbeschäftigung, bis das Kind 12 Jahre alt ist, und erst danach sollte eine Frau hundertprozentig berufstätig sein.

Ihr werdet sagen, das sei eine veraltete, überholte Sichtweise. Dagegen meine ich, das eure Sichtweise nicht den psychologischen Erfordernissen eines heranwachsenden Menschen entspricht. Kinder brauchen diesen schützenden Kokon der Elternliebe in den ersten Jahren dringend. So wie der Embryo eingebettet war in eine Plazenta, die ihn nährte, so ist das Baby auf die Liebe und Zuneigung der Eltern angewiesen, um jenes Selbstbewusstsein zu entwickeln, dass im Leben nötig ist. Wie viele zerbrechliche Seelen leben in eurer Gesellschaft. Kaum wird ein Wunsch nicht erfüllt, bricht der junge Mensch zusammen. Verzweiflung, Depressionen, Untergangsvisionen, Suizidwünsche – all das sind Folgen einer unzureichenden frühkindlichen Versorgung. Deshalb, um solches zu vermeiden, um Kriminalität, Verbrechen, Gewaltzunahme unter den Jugendlichen zu vermeiden, ist dieser Start ins Leben notwendig. Auch Partnerbeziehungen werden in den ersten Lebensjahren erlernt. Vorbild dafür sind die Eltern. Solange diese sich lieben und achten, geht es dem Kind gut. Es erlernt die jeweilige Geschlechterrolle im Blick auf die

Eltern und wird später in der Lage sein, selber eine Beziehung einzugehen, die nicht nach dem ersten Streit gleich zerbricht.

Wenn eine Frau ausschließlich Karriere machen will, so ist das natürlich auch in Ordnung. Warum sollte sie immer Opfer für die Familie bringen? Aber sie sollte dann auf Kinder verzichten. Alles verlangt einen Preis.
Auch Männer, die nicht imstande sind, auf bestimmte Dienste der Frauen während ihrer Schwangerschaft und der sensiblen Zeit nach der Geburt eines Kindes zu verzichten, sollten ihre Selbstsucht nicht an Kindern auslassen. Auch sie sollten eher auf Kinder verzichten.

Leider sind diese Verhaltensweisen heute vergessen, in Frage gestellt oder gar rundherum abgelehnt. Das wird natürlich Konsequenzen haben, die jetzt schon vorausgesagt werden können. Menschen, die aus zerbrochenen Ehen kommen, haben weniger Rückgrat als die, die ein festes elterliches Fundament haben. Sie können den Stürmen des Lebens besser widerstehen. Sie greifen auch nicht zu Gewalt und Verbrechen, wenn sie über das Leben verärgert sind. Sie können sich besser an die Situationen anpassen, ohne andere Menschen in den Sog ihrer Traurigkeit und Verzweiflung hineinziehen zu müssen. Eine gesündere, physisch und psychisch gesehen, Jugend wächst in einer solchen Gesellschaft heran. Krippenkinder und Kitakinder sind zerbechliche und verwirrte Kinder, die oft dem Erwachsenenleben nicht gewachsen sind.
Strindberg, der große schwedische Schriftsteller, hat einmal gesagt, Mütter seien die Architekten der Seele ihrer Kinder. Er hat grundsätzlich Recht.

Frage 17: Was kann jeder tun, um seine Gesundheit zu verbessern?

Ich gehe einmal davon aus, dass du für Gesunde diese Frage stellst, denn wenn jemand krank ist, vielleicht chronisch krank, reichen diese Maßnahmen natürlich nicht aus.

Zuerst einmal sollte jeder Mensch 2-3 l Wasser trinken, am besten heiß. So bleibt die Körpertemperatur erhalten, und das gekochte Wasser ist weicher und süßer geworden, wird besser aufgenommen und löscht auch nicht die Körpertemperatur, bzw. die Temperatur der Magensäfte.

Der zweite Rat: Jeden Tag etwa eine halbe Stunde Sport treiben, d.h. möglichst an frischer Luft und bei Tageslicht nach draußen gehen und dort kräftigen Schrittes einen bis zwei km gehen. Das lockert den Körper, die Muskeln, strafft das Gewebe und lockert auch die Seelenkräfte.

Der dritte Rat ist, eine gesunde Nahrung zu sich zu nehmen, die vor allem aus frischem Gemüse und Obst bestehen sollte. Natürlich auch Fett in Form von Olivenöl und Eiweiß in Form von Milchprodukten (falls verträglich). Leichter verdaulich sind die sauren Abkömmlinge der Milch, also Quark und Joghurt und Sauermilch.

Wer mag, kann auch den berühmten Brottrunk in seine tägliche Nahrung aufnehmen. Dies verbessert die Verdauungssituation allemal.

Zuletzt möchte ich auf die Bedeutung der inneren Einstellung hinweisen, denn Gesundheit ist kein Geschenk, sondern kann auch erworben und erwünscht werden. Unsere Einstellung zu den Dingen, zum Körper, zu unserer eigenen Leistungsfähigkeit sind entscheidend. Ihr solltet morgens und abends für eure Gesundheit danken und um Kraft und Schmerzfreiheit bitten. Alle Gaben sind um euch herum. Aber ihr solltet darum bitten.

Frage 18: Kannst du sagen, was zu einem erfüllten spirituellen Leben gehört?

Gern. Ich denke, ich habe es schon angedeutet. Was zu tun ist, wird in einem einzigen Satz Jesu klar und prägnant zusammengefasst: Liebe deinen Nächsten wie dich selbst.
Seid freundlich zu euren Mitmenschen, hört euch um, wer Hilfe braucht, tut etwas einfach aus Überzeugung kostenlos für andere, betet oder meditiert – wie es sich für euch richtig anfühlt und seid zuverlässige Arbeiter im Garten des Herrn. Nicht viel wird von euch verlangt und doch enorm viel, wenn ihr dieses Wort richtig versteht. Da gibt es keine Heuchelei, keine Drückebergerei, keine Lüge, keine Vortäuschung falscher Tatsachen, keine Gier, keinen Hochmut. Da ist alles eine einzige Familie. Wenn ihr keine eigene Familie habt, könnt ihr euch so eine Familie schaffen, indem ihr die Menschen an euch heranzieht, die ähnliche Funktionen übernehmen können. Jeder hat zahlreiche Gaben, die er nutzen kann. Jeder möchte etwas geben und etwas empfangen. Menschen, die verstimmt bleiben, weil man sie einmal verletzt hat, sind Egoisten. Ihr solltet euch von solchen Menschen fernhalten, denn sie verderben eure Energie. Bleibt bei denen, die ein reines Leben der Nächstenliebe leben wollen. Verzeiht, aber vergesst nicht unbedingt, denn dann lernen andere gar nichts hinzu. Seid allen ein guter Freund, leiht ihnen euer Ohr, wenn sie Rat brauchen, hört ihnen zu, manchmal genügt das bereits, um sie zu entlasten. Die meisten Menschen schleppen sehr viel Vergangenheits-Unrat mit sich herum. Werft diesen Kram weg. Erinnert euch einmal an eure Fehler und dann vergebt euch von Herzen, so wie ihr anderen vergeben würdet. Menschen machen Fehler, Fehler können Anstoß sein, etwas hinzuzulernen, also verdammt sie nicht. Sie gehören zu jedem Leben.

Wer etwas mehr tun möchte, der kann sich ehrenamtlich engagieren, je nach Begabung und Interesse. Was ihr kostenlos tut, wenn ihr eure Zeit und euer Wissen kostenlos der Allgemeinheit zur Verfügung stellt, der „zahlt Geld auf ein eigenes Gnadenkonto ein", das ihm in schweren Zeiten dann zur Verfügung steht. Ihr könnt das beobachten, wenn ihr eine Zeitlang Gutes getan habt, aus vollem Herzen und voller Begeisterung. Plötzlich – wie ein Blitz – bekommt ihr ein Geschenk, das euch aufgrund eures Verhaltens zusteht.

Frage 19:   Was hältst du von Israels Politik?

Diese Frage berührt existentielle Ängste in diesem Raum, den ihr Nah-Ost nennt. Diese Frage berührt in der Tat das Leben von Millionen Menschen, die verschiedenen Rassen und verschiedenartigen Religionen angehören. Sie sollten sich verständigen, aber dieser Prozess ist missglückt, und soweit wir sehen, wird dies kein gutes Ende nehmen.

Als Israel nach dem Zweiten Weltkrieg einen eigenen Staat bekam, der auf dem Boden der Urchristen lag, waren die Juden zunächst über dieses Ereignis sehr glücklich. Viele wanderten ein aus jenen Staaten, in denen sie gedemütigt und verachtet wurden: Russland, Polen und den deutschen Gebieten. Sie hatten zum ersten Mal eine Heimat und mussten nicht irgendwie in anderen Kulturen um ihr Existenzrecht kämpfen. Dieser Zustand hielt nicht lange an. Der Wille, die eigene Heimat voranzubringen, führte zu kulturellem Ehrgeiz und wurde auch finanziell und militärisch von den westlichen Ländern kräftig unterstützt. Die Philosophie des Kibbuz führte dazu, dass Hunderte von ehrenamtlichen Hilfskräften ins Land kamen, um dieses Projekt zu unterstützen. Israel verwandelte sich innerhalb kurzer Zeit in ein blühendes Paradies. Ströme von Urlaubern kamen zu den alten biblischen Stätten.

Aber jenseits der Grenze setzte der Frust ein. Niemand unterstützte die Palästinenser, die in relativer Armut außerhalb der Grenzen Israels lebten. Bald kam es zu Übergriffen, weil dieser Unterschied, dieser krasse Unterschied im Alltag die Menschen verwirrte. Warum lebten die Israelis in Wohlstand und die anderen in bitterer Armut? Eine kriegerische Auseinandersetzung führte zu einer Korrektur der Grenzen, aber zu keinem Waffenstillstand bzw. keiner Regelung, keiner Zweistaatenregelung, wie es die vernünftigen Politiker überall auf der Welt forderten. Viel Blut wurde auf beiden Seiten vergossen, der Hass wuchs auf beiden Seiten, die Angst schoss in die Höhe.

Inzwischen ist es ganz vergeblich, auf eine Besserung hinzuarbeiten. Zwar gibt es zaghafte Versuche, auch in eurem Land, die Rechte der Palästinenser wenigstens anzusprechen, die Bitte, auf die Besiedlungspolitik zu verzichten und eine Zwei-Staaten-Lösung anzustreben. Alles verpufft, und übrig bleibt Hoffnungslosigkeit. Kein westlicher Staat, schon lange nicht Deutschland, wagt es, Partei für die Palästinenser zu ergreifen, geschürt wird die Angst vor dem Iran, vor dem muslimischen Ägypten und schlechthin den Arabern.

So ist aus dem kleinen Staat Israel eine Bedrohung geworden, die den ganzen Nahen Osten in Atem hält. Hat nun der Iran die Atombombe oder baut er sie? Wird Israel deutsche U-Boote mit atomaren Raketen bestücken und den Iran präventiv angreifen? Wird Hamas dafür sorgen, dass die Israelis täglich von Raketen bedroht werden? Was ist das Ziel der Araber in diesem Gebiet? Soll Israel ins Meer geschoben werden? Soll Palästina ausgelöscht werden? Fragen über Fragen.

Die Weltpolitik weiß leider keine Lösung, aber sie steht natürlich, da Amerika von einer jüdischen Lobby beeinflusst wird, auf Seiten der Israelis. Eines Tages explodiert das Pulverfass. Ein falscher Satz, ein Missverständnis wird genügen und die ganze Gegend steht in Flammen. Natürlich werden Atomwaffen eingesetzt werden, und natürlich wird der Streifen auf lange Zeit unbewohnbar werden. So nimmt das Schicksal seinen Lauf, ein Schicksal, das schon im Neuen Testament seinen Anfang genommen hat. Die Juden werden wieder auf dem ganzen Erdball verstreut werden, sie werden keine Heimat haben, sie sind Gottes auserwähltes Volk, das aber für einen Fehltritt schwer bezahlen wird.

Leider sehe ich keine andere Zukunft für diesen geopolitischen Bereich, eine Wüste, ausgelöscht in seiner Bedeutung auf lange Sicht. Die alten biblischen Stätten auf Jahrhunderte nicht zugänglich. Wer Ohren hat zu hören, der höre. Aber auch diese warnende Botschaft wird nicht gehört werden wollen. Also geschehe, was gesagt worden ist.

Frage 20: Atomare Verseuchung – ist das nur in jener Gegend eine Realität?

Nein, das kann ich nicht bejahen. Es wird durch Reaktorunfälle andere Regionen auf dem Planeten geben, wo eine große Gegend unbewohnbar wird und zwar für lange Zeit, da Cäsium eine hohe Halbwertzeit hat. Tschernobyl hat dies gezeigt. Hunderte von Kranken leben in dessen Umgebung. Auch Japan ist verstrahlt, je näher Fukushima, um so schlimmer. Der Wind trägt den Stoff weit ins Land hinein und auch auf das Meer. Die Fische sind ebenfalls fast ungenießbar geworden. Dabei bleibt es auch nicht, es werden weitere Naturkatastrophen die Situation verschärfen.

Aber auch in eurem Raum wird es kleinere Unfälle geben, die durchweg dafür sorgen werden, dass auch in Mitteleuropa plötzlich mehr behinderte Kinder geboren werden, mehr Krebserkrankungen auftreten werden. Die arme Erde kann das auf lange Sicht nicht überleben.

Es war ein ideologischer Irrtum eurer Wirtschaftsexperten, solche Kraftwerke zu bauen und damit die Natur zu belasten. Diese Energie ist unmenschlich, da sie, ohne es zu zeigen, also unsichtbar, alles verseucht. Die Erde kann sich nicht wehren. Luft und Wasser tragen die schädlichen Stoffe weiter und Luft und Wasser sind die wichtigsten Grundnahrungsmittel des Menschen, der Tiere, der Pflanzen. Man hätte die Kette der Folgen von allem Anfang an beachten sollen. Es war ein sehr kurzsichtiger Entschluss, den Heißhunger der Menschen nach Energie auf diese Weise zu stillen. Das war ein Irrweg, für den die Menschheit schwer bezahlen wird.

Alle Versuche, dieser Gefahr zu entkommen, fruchten nichts mehr. Längst ist die Zeit überschritten, an die Stelle der Atomenergie erneuerbare Energien einzusetzen. Der Versuch ist löblich, aber er kommt viel zu spät.

Frage 21:   Die Welt ist so schön da draußen, ich sehe auf einen Fluss und ein grünes Ufer, wie lange wird diese Erde noch bestehen?

Diese Frage beantworte ich gern. Ihr habt unendlich viel Zeit, denn die Erde, eure wunderschöne Erde, der blaue Planet, geht nicht kaputt, sondern ersteht aus den Trümmern. Ihr habt eine Zeit voller Umstürze und danach kleinen Atempausen vor euch, auf allen Gebieten eures Lebens werden solche Erneuerungen stattfinden, so wie sich auch die Zellen eures Körpers alle 7 Jahre erneuern, muss sich nun der Planet einer Reinigungskur unterziehen. Vorher findet noch eine letzte große Verunreinigung durch atomare Verseuchung statt, und dann ist es hohe Zeit, sich von der alten Erde zu verabschieden. Wir werden es mit Hilfe einer großen Truppe schaffen, dass dieser Planet sich wieder regeneriert, dass er frische Erde und eine andere Atmosphäre bekommt und dass der Boden nach Regengüssen und Nebelschwaden wieder gereinigt ist. Dieser Prozess wird etwa ein halbes Jahrhundert in Anspruch nehmen. Ich möchte absichtlich keine festen Daten verkünden, damit Panikausbrüche vermieden werden.

Lebt weiter, als stünde nichts auf dem Spiel, aber wendet euch immer öfter nach innen und bittet euren Gott um ein Zeichen oder um seinen Beistand. Dann werdet ihr Helfer in eurer Umgebung entdecken, die euch den Übergang erträglich zu machen verstehen. Ein Einschnitt in euer sorgloses Leben ist es allemal, aber ihr werdet auferstehen, und der neue Planet, der der alte gereinigte ist, wird euren Kindern und Kindeskindern große Möglichkeiten des Wachstums bieten.

Ihr spürt doch selber, wie sehr sich eure Lebensumstände verändern, wie ganz andere Wertvorstellungen alte Vorstellungen aus dem Weg räumen, wie banale Themen den Alltag beherrschen, wie alles in Richtung Spaß und Genuss driftet. Das ist nicht der ehemalige Schöpfungsplan gewesen. Nicht Genuss sollte vorherrschen, sondern Wachstum, vor allem geistiges Wachstum.

Die Situation ist von euch Menschen selbst herbeigeführt worden. Gott dafür verantwortlich zu machen, ist ein Fehler und eine Verfehlung zugleich. Denn Gott hat euch nur geschaffen, alles andere habt ihr durch euer Verhalten in Gang gesetzt. Aus dem Brudermord von Kain und Abel hat sich alles entwickelt. Das war das Gegenteil von Liebe, und Liebe ist der göttliche Maßstab bei allem, was ihr tut. Habe ich deine Frage ausreichend beantwortet?

Frage 22: **Ja, was sagst du zur Einwanderung fremder Ethnien in die deutsche Gesellschaft. Ist das ein Erfolg oder wird sich daraus eine große Gefahr für den inneren Frieden ergeben?**

Wer hat Gastarbeiter aus anderen Ländern in das eigene Land gebracht? Es war die Politik, die auf den Wunsch der Bürger antwortete, die bestimmte niedrige Arbeiten nicht mehr verrichten wollten. Es sollte einem besser gehen. So warb man Menschen aus unterentwickelten Gegenden fremder Länder, vorzugsweise Mittelmeerländern, an, Sizilien, Spanien, Anatolien, um es sich bequemer gehen zu lassen. Die ersten Einwanderer mussten unter schwierigsten Lebensbedingungen ihr Leben fristen. Sie hatten kaum Zeit, sich um Integration zu bemühen. In der nächsten Generation war es etwas besser, und so schreitet die Eingliederung sehr langsam voran. Dass man sich zunächst überhaupt nicht um Sprachförderung oder Kinderausbildung kümmerte, war ebenfalls ein Versehen der Politik.

Nun ist es tatsächlich in einigen Großräumen zu Parallelgesellschaften gekommen, und Integration ist ein unschönes Wort für viele geworden. Es wird in den nächsten zehn Jahren auch zu vermehrten Aufständen in diesen schlecht verdienenden Unterschichten kommen, zu Kriminalität und Versagen im Bildungsbereich. Aber wo liegen die Ursachen? Ich frage euch noch einmal, wer hat diesen Zustrom initiiert? Es war euer Wunsch, eine bequemere Lebensweise in eurer Gesellschaft zu erreichen.

Im Übrigen lassen sich auch bereits sehr erfreuliche Veränderungen feststellen. Die Gesellschaft insgesamt bietet ein buntes fröhliches Bild von südeuropäischem Charme und nordeuropäischem Arbeitseinsatz. Dies verbindet sich zu einer gesunden Mischung.

Völker vermischen sich immer in zyklischen Abständen. Das ist ein Gesundungsprozess, wie es auch in Familien förderlich ist, wenn sie Menschen aus der Ferne heiraten, die völlig anders sind als sie selber. Nur so entstehen interessante Genmischungen und überaus intelligente und kreative Menschen. Also brütet nicht über diesem Problem, bekämpft euch nicht gegenseitig, sondern trefft euch und versucht, einen Ausgleich guter Eigenschaften herbeizuführen.

Frage 23: Gibt es so etwas wie eine kulturelle Hierarchie?

Das ist eine äußerst komplizierte Frage, mit deren Beantwortung ich euch durchaus vor den Kopf stoßen könnte, denn vieles, was ich zu sagen beabsichtige, stellt eure Erwartungen auf den Kopf. Als Gott die Menschen und damit die verschiedenen Rassen schuf, hatte er nur eine Vorstellung von den Gegenden und den Angeboten der Region im Auge. Ein Mensch, der in Afrika sein Leben leben sollte, musste eine andere physische Ausstattung haben als jemand, der in den Eisregionen der höchsten Gebirgsketten leben sollte.

Dies bestimmte die Schöpfung der verschiedenen Rassen. Auch war dies ein Zeichen der Liebe Gottes, denn er wollte, dass es seinen Geschöpfen in diesem Landstrich gut gehen sollte, und sie sollten die nötige Ausrüstung dafür mitbringen.

Die älteste Rasse, die geschaffen wurde, war die gelbe, die in dem heutigen China und Tibet leben sollte. Dies war ein riesiger zusammenhängender Landstrich, den zu bevölkern leicht sein würde, weil überall gleiche Lebensbedingungen vorherrschten, klar unterschiedene Jahreszeiten und fruchtbarer Boden. Die gelbe Rasse war sehr anpassungsfähig, hatte geringe Ansprüche und schuf sich sehr schnell klare Lebensgesetze, indem sie einfach in ihr Inneres schaute. Damals war es einfach, Kontakte zu Gott herzustellen. Man wusste, dass man eng mit ihm verbunden war und dass das eigene Verhalten das Leben bestimmte.

Wenn auch die Geschichte dieser Rasse politisch durch furchtbare Phasen ging, hat sie dennoch größte Kulturleistungen vollbracht. Sie ist flink, geduldig, strebsam, sehr sensitiv und überaus intelligent. Obwohl sie die älteste Rasse ist, verjüngt sie sich ständig, weil sie sich selbst begrenzt, was die Nachkommenschaft angeht. Dadurch werden die Vorräte, die das Land bietet, nicht überfordert. Dieses Volk wird einmal zur Weltelite gehören.

Die zweite Rasse, die Gott schuf, waren die Menschen um den Kaukasus herum, die als Nomaden und Pferdebesitzer das riesige Gebiet des heutigen Russland bevölkerten. Sie brachen auch in den Norden Indiens ein, bauten dort am Ganges bereits sehr früh Städte und Häuser mit mehreren Stockwerken, schufen eine hochentwickelte Sprache, schrieben literarische Texte nieder und vermählten sich mit den dunkelhäutigen Menschen Südindiens nur ungern. Diese waren Nachkommen jenes untergegangenen Kontinents, den man Lemurien nennt, der zur zweiten Erdenrunde gehörte. Diese drawidische Rasse bewohnt auch noch heute den Süden Indiens. Sie hat wesentlich weniger zur hohen Kultur der alten Inder beigetragen als die Einwanderer aus dem hohen Norden, die sich Arier nannten und die hellhäutig waren im Gegensatz zu den Drawiden.

Etwa zur selben Zeit entstand im Zweistromland eine hohe arabische Kultur, die eine ausgesprochen analytisch begabte Rasse war. Sie beherrschten frühzeitig die Grundlagen der Mathematik und Astronomie, und auch die Astrologie blieb dort bis zum heutigen Tag eine ernst zu nehmende Wissenschaft.

Aus Ägypten, den Nachfahren des versunkenen Kontinents Atlantis, wanderten Scharen von Juden nach Palästina ein und grenzten sich von den umliegenden Völkern ab. Aus ihrer Mitte stammte Jesus, der sich nach einem langen Aufenthalt in dem spirituell weit entwickelten Indien mit 30 Jahren wieder nach Palästina begab, um dort den Menschen Impulse zu vermitteln. Er nannte sich Sohn Gottes und verfügte in der Tat über charismatische Gaben, die die Menschen von seiner hohen Geburt überzeugten.

Inzwischen hatte Gott auch in den anderen Gegenden der Erde Menschen hervorgebracht, die ihrer Umgebung angemessen waren. Die schwarze Rasse ist die jüngste von ihnen. Deutlich spürt man das, wenn man ihre Musik und ihre Beziehung zum Körper studiert. Sie sind voller Vitalität, sind mit dem Körper dichter verbunden als alle anderen Menschen auf der Erde. Sie können höhere Hitzewerte ertragen als die hellhäutigen Menschen, und sie verfügen über großartige sportliche Fähigkeiten, die sie in allen Sportdisziplinen beweisen.

Die germanische und romanische Rasse verteilt sich auf Nord- und Südeuropa und unterscheidet sich durchaus auffällig, was von der Umgebung, der klimatischen Situation und der Lebensweise abhängig ist. Auch hier achtet kaum noch jemand auf Rassenreinheit, sondern nimmt am Verschmelzungsprozess aller Menschen teil.

Das Prinzip, das sich hinter dieser rassischen Vielfalt verbirgt, ist ein pädagogisches. Wären alle Rassen gleichzeitig und absolut ähnlich geschaffen, hätten sie vielleicht öfter Schiffbruch erlebt, als sie ihre Gegend bewohnbar machten.

Die Tatsache, dass hier eine zeitliche Verschiebung eingeplant war, verursacht ein Gefälle, kein Plateau, und nur da, wo es Höhenunterschiede gibt, kann gelernt werden. Der Ältere lehrt den Jüngeren. Jede Rasse ist für eine andere Lehrer *und* Schüler. Was der eine schon erworben hat, kennt der andere noch gar nicht. Dieses kulturelle Gefälle sorgt natürlich auch für Unfrieden, Neid und verbissenen Ehrgeiz. Wer also steht heute an der Spitze der Hierarchie? Ich werde es euch nicht sagen. Wir können dies beobachten, fördern oder in die richtige Bahn lenken. Ihr selber wisst, dass es einen Aufstieg und einen Fall von Kulturen gibt und dass die Griechen, die ihr als Wiege der europäischen Kultur betrachtet hier in eurem Land, heute als Versager gebrandmarkt werden. Vielleicht haben sie die Blütezeit genossen und haben sich dann nicht mehr bemüht.

Die Zyklen der Kulturen folgen bestimmten geheimen Gesetzen. In Amerika wächst ein neues Geschlecht heran, das außerordentliche spirituelle Blüten bringen wird. Ein neuer geistiger Führer wird dort hervorgehen und der scheidenden Welt wertvolle Hinweise geben können.

Wirtschaftlich wird es China am besten in der Zukunft gehen.
Die afrikanischen Länder müssen noch einen hohen Blutzoll leisten, weil sie noch nicht verstanden haben, dass Sexualität vorsichtig und weise eingesetzt werden muss, um die Bevölkerungszahl in Grenzen zu halten.
Das sollte genügen, denke ich.

Frage 24: **Eine Wertediskussion wäre vielleicht an dieser Stelle nützlich. Wie beurteilst du die Situation in Deutschland?**

Das ist eine durchaus schwierige Frage, denn die Grundlage des Wertesystems haben wir schon genannt. In diesem kulturellen Raum sind die christlichen Grundwerte als stabilisierendes Fundament angezeigt. Ich meine damit das Einhalten der 10 Gebote, die einmal ein weiser Führer den Menschen aus einer stillen Emigration mitgebracht hat. Jeder sollte für sich selbst herausfinden, welches Gebot er regelmäßig übertritt. Es wird auch nicht bei einem allein bleiben, denn allein der Verstoß gegen die Einhaltung der Wahrheit wird täglich milliardenfach ausgeführt. Was soll an der Wahrheitsliebe richtig sein, werden sich viele fragen? Das allein verlangte nach einer präzisen Antwort.
Aber bleiben wir allgemein. Ich kann mir vorstellen, dass dieser Katalog der Tugenden vielen heute als dogmatisch und veraltet erscheint, vor allem auch im Bereich der Beziehung der Geschlechter untereinander.
Die Strenge, die auch gegenüber den Eltern erwartet wird, ist heute unüblich geworden.
Die Werte der Französischen Revolution, die gleichzeitig die Werte westlicher Demokratien ausmachen – Freiheit, Gleichheit und Brüderlichkeit –, würden genügen, um eine Gesellschaft in den Bahnen

der Menschlichkeit zu etablieren. Was Freiheit angeht, so müsste sie natürlich entsprechend eingeschränkt werden durch den Hinweis, dass sie da aufhört, wo die Freiheit des anderen verletzt wird. Gleichheit aller zu erreichen ist der Traum linker oder sozial ausgerichteter Parteiungen, aber ich nenne es einen Traum, denn die Menschen sind verschieden, und wenn man selbst für kurze Zeit eine wirtschaftliche Gleichheit aller erreichen würde, würde sie sich in einem verhältnismäßig kurzen Zeitraum so verändern, dass sich wieder ungleiche Verhältnisse einstellten.

Brüderlichkeit ist schließlich nichts anderes als die christliche Formel „Liebe deinen Nächsten wie dich selbst". Denn der Nächste, d.h. jeder, sollte dein Bruder sein. Nun gab es schon im Alten Testament einen Brudermord, und dies hat sich über die Jahrhunderte hinweg wiederholt. Oft sind Brüder die schlimmsten Feinde. Oft stehen extreme Gefühle wie Hass und Neid zwischen biologischen Brüdern. Also da möge man sich gar nichts vormachen.

Dennoch: Du hast mich nach den Werten gefragt, die eine Gesellschaft anbieten und einhalten sollte. Das ist meine Meinung dazu. Es ist dieser demokratische Dreiklang, der verbindlich eingehalten werden sollte. Wird er es nicht, verstößt jemand gegen diesen Dreiklang, so muss das Gesetz einschreiten. Und auch da steht das Gebot: Die Würde eines Menschen ist unantastbar.

So könnte man recht eigentlich mit den demokratisch regierten Ländern zufrieden sein, wenn es nicht die Macht gäbe, die einige Eliten blendet und zu enormer Ausbeutung der niedrigen Schichten führt. Das macht auch die Demokratien anfällig für Korruption, Diebstahl in größtem Ausmaß und Vergiftung der öffentlichen Meinung.

Frage 25: Die Menschen werden immer älter. Warum eigentlich? Was sollte gelernt und besser verstanden werden?

Die Frage ist brisant und von sehr großem Interesse für die zukünftigen Generationen, denn der Trend bleibt bestehen, und Hundertjährige werden bald keine Ausnahmen mehr sein.
Natürlich liegen die Ursachen einmal in der Verbesserung der medizinischen Leistungen und der Erhöhung des Lebensstandards. Dadurch wächst auch das Eigeninteresse an der Gesundheit von Körper und Seele. Niemals zuvor hatten Menschen so viel Gelegenheit, sich um ihren Körper zu kümmern. Der Markt wird zusätzlich mit Ratgebern überflutet, die auf jede Frage eine Antwort zu geben verstehen, so dass die eigene Gesunderhaltung heute bereits ein selbstverständliches Anliegen der Massen geworden ist.
Die Situation könnte noch einmal verbessert werden – und das wird in Kürze geschehen –, wenn auch an den Schulen ein neues Lehrfach eingerichtet werden wird. Da wird gesunde Ernährung, Krankenpflege und Sport als Gesundheitserziehung allen Schülern verbindlich angeboten werden. Denn es ist nicht einzusehen, dass man sich mit Geometrie befasst oder mit alten griechischen Philosophen und den eigenen Körper als wichtigsten Faktor des Lebens überhaupt vergisst.
Wenn diese Erziehungsmaßnahme noch eingeführt wird, wird noch einmal das Altern verlängert werden können. Heute wird ein Mensch ca. 80 Jahre alt und bleibt bis dahin meist von schwierigen Krankheiten verschont. Dies wird dann noch einmal um 20 Jahre verlängert werden können.

Aber deine Frage zielte auf etwas anderes ab. Du fragst, was man in dieser zusätzlich geschenkten Phase machen sollte, um auf ein reiches und erfülltes Leben zurückblicken zu können. Gern will ich dir ein paar Hinweise geben.

Allerdings geht es nicht ohne eine behutsame Differenzierung. Allgemeinplätze sind hier nicht angebracht. Wichtig ist, für diesen dritten Lebensabschnitt sehr flexible Anweisungen anzugeben. Es ist unsinnig, die Rente mit 67 zu propagieren, wenn jemand bereits mit 45 ausgelaugt ist. Es gibt – wie ihr alle wisst – eben völlig verschiedene Arbeitsanforderungen, und eine geruhsame Arbeit hat andere Probleme und andere Auswirkungen als etwa die Arbeit auf dem Bau. Also ist *Flexibilisierung* das Zauberwort.

Das heißt, die Arbeitszeit sollte individuell bestimmt werden und von der jeweiligen gesundheitlichen Verfassung des Einzelnen abhängig gemacht werden. Unter gesundheitlicher Verfassung verstehe ich immer sowohl physische als auch seelische Qualitäten. Es müsste also erlaubt sein, sehr früh ohne Abschläge der Rente – nach einer gründlichen Prüfung des Zustands des Fragestellers – in den Ruhestand zu gehen, und es müsste ebenso erlaubt sein, einem gesunden Siebziger die Fortführung seiner beruflichen Tätigkeit mit einer phasenweisen Erhöhung seiner Altersbezüge zu gestatten.

Daneben müssen wir die soziale Situation untersuchen. Handelt es sich um Großeltern mit einer Schar von Kindern und Enkeln oder um einen allein stehenden Greis oder eine Karrierefrau, die ohne Familie ihren letzten Lebensabschnitt gestalten muss.

Für den, der Familie hat und seine Nachkommen liebt, ergibt sich ein reiches und sehr lohnendes Arbeitsfeld. Alle Kinder sind gesegnet, die ihre Großeltern aus täglichem Umgang kennen. Ihr Selbstbewusstsein steigert sich im Umgang mit jenen älteren, vom Schicksal weich geklopften Menschen, die keine Leistungserwartungen an die Kleinen haben, sondern ihre Schönheit und Reinheit einfach nur lieben. Der Dienst, den sie den Eltern der Kinder leisten, kommt hinzu. Sie werden gebraucht, sie sind Teil einer Gruppe, ihr Leben hat einen ganz tiefen Sinn.

Anders ist die Situation bei jenen alten alleinstehenden Menschen, die mitunter über reiche Lebenserfahrung und große berufliche Kenntnisse verfügen. Sie dürfen nicht weiter allein auf sich angewiesen sein. Sie sollten sich Gruppen suchen, in denen sie als Menschen und Förderer gesucht und geachtet werden. Ehrenamtliches Engagement ist die Devise. Aber auch bezahlte Arbeitsangebote können von ihnen angenommen werden, weil sie tatsächlich mit ihrer langen Lebenserfahrung wesentliche Dinge beherrschen und jüngeren Kollegen oft überlegen sind, was das Gesamtpaket erforderlicher Maßnahmen bei der Durchführung eines Projekts angeht.

Auf keinen Fall sollten sie wegen ihres Alters ausgemustert und nach Hause geschickt werden. Auch für die Wirtschaft hätte das einen enormen Zuwachs an Expertenwissen und Können zur Folge. Also auch hier ist *Flexibilisierung* das Zauberwort.

Die andere Seite des Alterns dürfen wir aber nicht übersehen, und hier lauern tatsächlich enorme Gefahren für eure Nachkommen. Auch die Zahl der Kranken und Hilfsbedürftigen steigt an und endet schließlich in einem völligen Zusammenbruch aller Funktionen, was man in Ermangelung eines anderen Begriffs heute „Demenz" nennt. Diese bedauernswerten Menschen sind auf Hilfe rund um die Uhr angewiesen. Das schafft auch nicht eine einzige Fachkraft, sondern es werden für einen dementen Menschen täglich 3 Pflegekräfte gebraucht. Vergegenwärtigt ihr euch einmal, was das bedeutet? Werdet ihr, wenn sich die Lage auf dem Berufsmarkt nicht schleunigst ändert, Hunderte von pflegebedürftigen Menschen einfach im Stich lassen? Oder werdet ihr den „Hilfstod" einführen, der die Alten und euch schließlich entlastet? Wahrscheinlich wird das die Lösung sein, die niemanden befriedigen kann, die auch eines Menschen unwürdig ist. Aber es wird keine Lösung geben in absehbarer

Zeit, zumal diese Berufe heute auch noch kein gesellschaftliches Ansehen besitzen und ebenfalls total unterbezahlt sind. Eine Gesellschaft sollte aber nicht nur die Leistungsträger gut bezahlen, sondern auch die, die die Hilfsbedürftigen tragen. Eine völlig neue Sichtweise muss hier eingeübt werden, wenn nicht schon in einem halben Jahrhundert die Situation entgleisen soll.

Frage 26: Was ist eigentlich Demenz?

Die Frage ist eine wichtige Anschlussfrage. Früher sprach man von vergesslichen Alten oder solchen, die nur am Herd vor sich hinbrüteten. Die Menschen starben eben früher.
Heutzutage bringt es die verbesserte Gesundheitssituation in den westlichen Gesellschaften dazu, dass dies nicht mehr der Fall ist, dass häufig den Menschen die Fähigkeiten, ihr Leben selber zu gestalten, verloren gehen. Die Forschung hinkt hinterher, da sie sich noch keine Vorstellung vom eigentlichen Wesen des Menschen gemacht hat.
Der menschliche Körper besteht eben nicht nur aus einem physischen Körper, den die alten Inder *annamayakosha* nennen, also Nahrungshülle, sondern er besteht aus 6 weiteren feinstofflichen Hüllen, die allesamt Sanskritbezeichnungen haben, also den alten Kulturen gut bekannt waren. Auch die Chinesische Medizin, die mit Akupunktur arbeitet, also bestimmte Punkte auf der Körperoberfläche reizt, damit ein besserer Energiefluss eintreten kann, hatte Kenntnis davon. Natürlich gibt es auch schon psychosomatisch arbeitende Ärzte, die sich um den Gefühlshaushalt ihrer Patienten kümmern. Dies alles entspricht den Wirkungsebenen der höheren, sehr sensiblen Körperhüllen.
Gerät ein Mensch nun in die Nähe des Ablebens – d.h. ist sein Wunsch zu leben reduziert –, hat er nicht mehr eine solche intensive

Freude an der Auseinandersetzung mit der materiellen Welt, verkümmert seine unmittelbare Neugier oder Lust am Austausch mit anderen, dann ziehen sich unmerklich die höheren Körper zurück und überlassen den physischen Körper mehr und mehr sich selber. Dieser ist aber nichts als eine Maschine, die auf die Äußerungen der oberen 6 Körper reagiert.

Im Augenblick benutze ich z.B. das physische Gehirn meiner „Sekretärin", ohne es zu verletzen. Ich gebrauche es aber, das ist alles. Ich impulsiere die Vorrichtung, als wäre sie eine Tastatur für mich. Das eigene Denkvermögen hat sich zurückgezogen – für eine gewisse Zeit.

Dieser *Rückzug von der physischen Hülle*, die ihr Körper nennt und mit der ihr euch als Persönlichkeit identifiziert, liegt der Demenz zugrunde. Demenz ist der allmähliche Rückzug der 6 oberen feinstofflichen Körper von ihrer materiellen Substanz. Damit ist die Person nicht mehr Herr über ihr Leben. Sie ist wie eine Puppe, die Hilfe von außen benötigt. Da sind noch eingeübte Verhaltensreste, z.B. dass man den Mund aufmacht, wenn einem Nahrung angeboten wird, aber ein so komplexer Vorgang wie eigene Nahrungsaufnahme ist ohne Hilfe durch die dritte Hülle (*manomayakosha*) nicht machbar. Demenz ist ein langsamer Weggang jener Energiehüllen, die eine menschliche Persönlichkeit ausmachen. Man verlässt sozusagen „das sinkende Schiff", um es mit einer Metapher vorsichtig auszudrücken. Vielleicht könnte man dies auch als eine Art Selbstanästhesie bezeichnen, da die Demenz auch keine Angst vor dem Tod zulässt. Dazu müsste ebenfalls der dritte Körper hinzugezogen werden, der Emotionalkörper, der aber auch auf Distanz geht. Die Gnadengabe der Demenz ist also die Nicht-Angst vor dem Tod.

Denn der Tod ist nichts anderes als die Trennung der 6 feinstofflichen Hüllen von der physischen Hülle, das Zerreißen der Silberschnur und die Mitnahme aller im Leben erarbeiteten Gaben in eine andere Dimension.

Frage 27: Wenn ich es richtig verstehe, ist es also eine Art Gnadenakt, dement zu werden und damit die Angst vor dem Sterben zu verlieren. Lässt sich dieser Prozess aber auch aufhalten oder gar ausschalten? Kannst du da Hinweise geben?

Natürlich, gern. Ich möchte es in einem Wort zusammenfassen, damit es in Erinnerung bleibt. Dieses Wort heißt: *Enthusiasmus*. Solange ein Mensch seinen Alltag voller Begeisterung begrüßt, solange er das Leben als Herausforderung versteht, solange er Höhepunkte von Glück und Staunen erlebt, wird er nicht dement. Er hält damit seine Persönlichkeitsfacetten eng mit dem physischen Körper verbunden. Er genießt jeden Tag das Leben, freut sich an kleinen und grandiosen Dingen, ist aktiv, beschäftigt seinen Körper, spielt ein Instrument, liest aufmerksam und bleibt geistig aktiv und immer bereit für Überraschungen, genießt ab und zu ein Gläschen Wein oder die Nähe eines anderen Menschen. Er lebt *intensiv*, er lebt *enthusiastisch*. Erst wenn er müde wird, wenn seine Seele gesättigt ist, wenn er gar nichts Neues mehr entdecken kann, wenn er sich mehr und mehr zurückzieht von den Reizen der Welt, von den lauten Angeboten einer sich selbst feiernden Gesellschaft und eigentlich müde ist, ermüdet vom Taumel der Farben und Laute, wenn er gehen *will*, dann könnte der Rückzug seiner geistigen Funktionen eintreten. Wer Sterbende begleitet, weiß, dass die Kontrolle über einzelne Funktionen nach und nach aufhört, der Sterbende kann nicht mehr sprechen, aber kann noch hören und verstehen, bis auch diese Fähigkeiten nachlassen und verschwinden.

Demenz ist der Rückzug der höheren feinstofflichen Hüllen eines Menschen. In einem Bild gesagt: Man bietet einem Menschen eine schöne reife Frucht an, aber er will sie nicht mehr essen. Ich hatte keine Lust mehr zu leben, oder ich brauchte dieses Leben nicht mehr, würden die dementen Patienten vielleicht sagen, wenn sie nach ihrem Tod gefragt würden.

Frage 28: Was sind die Ursachen für Autismus?

Autismus gab es schon immer, aber die Zahl nimmt zu und die Ausprägung der Störung ist sehr differenziert.
Die Ursache dafür ist der Wunsch der Seele, die sich vor ihrer Inkarnation einem Plan ihres zukünftigen Lebens gegenübersieht, dieser Aufgabe auszuweichen. Der Plan des zukünftigen Lebens zeigt so viele Herausforderungen, dass manche Seelen sich nicht hundertprozentig damit abfinden und ihre Inkarnation selber ein wenig sabotieren. Das heißt, einfach ausgedrückt, sie senken ihre feinstofflichen Hüllen nicht tief genug in den physischen Körper, so dass er, die Exekutive, seiner Mitarbeiter (Legislative) quasi beraubt ist. Bewusstsein – Körperbewusstsein, Selbstbewusstsein drückt sich mithilfe der höheren sensiblen Hüllen des Verstandes und der Gefühle aus. Erst wenn diese Körper eng miteinander verbunden sind, kann der ganze Organismus seine Aufgaben spielerisch erledigen.
So ist der Körper eines Autisten wie eine schlecht geölte Maschine. Bewusstsein hat sich nicht tief genug verankert, Angst vor diesem (geplanten) Leben hat die Inangriffnahme der Lebensaufgaben gelähmt.
So nimmt es nicht Wunder, wenn Autisten sagen, sie spürten nichts, wenn es eine Temperaturveränderung oder ein Stich mit einer Nadel ist. Sie fühlen weniger. Wenn sie Laute formen sollen, können

sie ihre Sprechinstrumente, Lippen, Zunge, nur wenig fühlen. Auch ihre Feinmotorik ist oft dadurch behindert.

Andererseits haben sie leichter Zugang zur astralen und mentalen Ebene (die sich unmittelbar an die physische Hülle anschließen). So sehen sie die Menschen in ihrer Umgebung oft nur als farbige Schatten –, weil die astrale Ebene tatsächlich nur aus Farben besteht. Manche Autisten haben außerordentliche Begabungen, weil sie sich auf der mentalen Ebene besser bewegen können als auf der grobstofflichen.

Dies wäre ein geeigneter Deutungsansatz und würde ein viel besseres Verständnis für diese zum Teil hochbegabte Gruppe von Menschen erlauben. Aber Ärzte und Therapeuten, die nicht über die Kenntnisse alter Kulturen verfügen, können dies nicht nachvollziehen und bleiben dabei, diese Menschen zu unterschätzen.

Autismus ist – in einer kurzen Formel gesagt – eine Verweigerung, sich auf der Erde zu inkarnieren. Gründe dafür liegen im Verhalten der Eltern in der Vergangenheit und der Seele, die sich inkarnieren will und doch davor ängstigt.

Angst ist die Grundlage für die Entstehung dieses Verhaltensmusters. Diese Menschen/Kinder brauchen sehr viel Liebe, eine klare Lebensordnung und entsprechende Lernhilfen. Wenn die Möglichkeit einer Kommunikation vorhanden ist, können sie mitunter aus einem Fundus großer Begabungen schöpfen.

Es gibt Kriegsdienstverweigerer – und Lebensdienst-Verweigerer. Dies wäre eine griffige Vokabel für Autisten.

Frage 29: Es ist der Wissenschaft gelungen, aus dem mütterlichen Blut einer schwangeren Frau Defekte des Kindes zu erkennen, z.B. Down-Syndrom, Stoffwechselstörungen etc. Damit wäre es möglich, eine Auslese zu treffen, so dass die Zahl behinderter Kinder verringert werden könnte. Was ist deine Meinung dazu?

Wissenschaft darf nicht unterbunden werden. Es gehört zur Ausstattung des Menschen, alles mithilfe seines Intellekts zu optimieren. Die Tatsache, dass auch Menschen Schwächen haben und diese an ihre Nachkommen weitergeben, kann nicht geleugnet werden. Dass nicht nur die Behinderten, sondern auch ihre Familien sehr darunter leiden, zum Teil völlig unter der Last der Anforderungen zusammenbrechen, ist auch eine Tatsache.
Wer wollte also urteilen?

Ich möchte dazu generell sagen, dass alles menschliche Leben genau so viel wert ist wie ein anderes. Ein Behinderter kann in seiner Umgebung sehr viel verändern, ein neues Verständnis für Schwächen bei anderen hervorrufen und Lehrer der Liebe sein. Wir machen keine Wertunterschiede zwischen behinderten Menschen und anderen.

Wir verstehen aber auch, wenn Eltern, die gesagt bekommen, dass ihr Kind erblich belastet sein könnte, auf dieses Kind verzichten, weil sie sich dieser Aufgabe nicht gewachsen fühlen – auch das verdient unser Verständnis. Nicht unsere Anerkennung, aber unser Verständnis. Denn wenn ein behinderter Embryo abgetrieben wird, ist damit auch ein Leben, das gelebt werden sollte, zu früh beendet und das hat andere Konsequenzen – karmischer Art.

Dennoch: Es ist nicht in Ordnung, angehende Eltern zu verurteilen, wenn sie ihre Schwäche zugeben und sich gegen ein behindertes Kind entscheiden. Diese Tat ist verständlich. Da sie gegen grundlegende Lebensgesetze verstößt, wird sie auch schicksalhafte Folgen anderer Art haben. Vielleicht bleibt dann die Ehe kinderlos, und ein gesundes Kind könnte später einen Unfall haben.
Niemand wird diese Entscheidung leichten Herzens fällen, sie gehört zu den schwierigsten Entscheidungen eines Elternpaars.

Frage 30: Was ist die Bedeutung des Ehrenamts?

Euer Land ist auf diesem Gebiet vorbildlich. Jeder Dritte über 14 Jahren ist ehrenamtlich tätig, d.h. er arbeitet unentgeltlich für einen anderen oder eine Gruppe. Die Vielfalt ist unerhört groß. Man zählt mehr als 100 verschiedene ehrenamtliche Tätigkeiten. Jeder kann sich dort einbringen, auch der, der meint, über gar keine Fähigkeiten zu verfügen. Es gibt sog. Zentren des Ehrenamtes, wo man sich über den Bedarf und die Möglichkeiten informieren kann.
Dann muss man allerdings bereit sein, einen Teil seiner freien Zeit und seine Begabungen für eine gute Sache einzubringen. Im Allgemeinen werden solche Tätigkeiten nicht bezahlt. Manchmal bietet die Kommune eine Art von Entschädigung, also einen kleinen Freibetrag oder dgl. an.

Der Wert von solcher Arbeit ist wechselseitig. Es ist nicht nur der Empfangende, der davon profitiert, also z.B. der Sterbende, sondern auch die Hospizhelferin, die an der Seite des Sterbenden ihren Dienst tut. Arbeit mit dem Herzen, nicht nur mit dem Verstand oder mit der Hand – das ist ehrenamtliche Tätigkeit. Man verändert sich dabei, man wird kommunikativer, verständnisvoller, und man erfährt eine Bereicherung des eigenen Lebens. Das ist in der Tat gelebte

Nächstenliebe. Für Frauen, die keinen Partner haben, ist es auch ein wertvoller Energieausgleich, wenn man in Gruppen etwas anbietet. Da fließt z.B. Dankbarkeit oder Freude an die Person zurück, die sich engagiert. Viele Frauen, die allein und ohne männliche Begleitung in der letzten Phase ihres Lebens sind, versteinern oft oder werden hilflos und inaktiv. Wenn sie aber in Gruppen arbeiten, tritt dieses Phänomen der Erstarrung nicht auf. Sie bleiben weich und ansprechbar und haben wieder Kontakt zu ihren eigenen Gefühlen.

Man sollte allerdings niemanden dazu zwingen. Menschen, die nicht ehrenamtlich tätig sind, sind keineswegs schlechter als andere, die es sind. Denn jeder hat seine ganz ureigenen Gaben, die er einzusetzen bereit ist. Manche Menschen sind außerordentlich kreativ und möchten eher allein und ungestört diese schöpferischen Fähigkeiten ausleben, vor allem nach der Beendigung ihrer Lebensarbeit. Natürlich dürfen diese und jene Tätigkeit nicht gegeneinander abgewogen werden. Wer seine Arbeit liebt -- gleichgültig, was er tut –, ist im grünen Bereich. Nichtstun, wenn es nur eine Phase im Leben ist, ist ebenfalls durchaus erlaubt, wenn es eine Art Erholungsurlaub sein soll. Ansonsten gilt die Regel: Wer arbeitet, soll auch essen. Nur dann schmeckt das Essen entsprechend, und auch die Arbeit wird geschätzt, weil man sein Essen allein verdient. Almosenempfänger verlieren nach und nach ihr Selbstbewusstsein, werden anfällig für Versuchungen und Drogen aller Art. Deshalb ist für eine Gesellschaft oberstes Gebot, ihren Mitgliedern die Möglichkeit zu bieten, einen ihnen angemessenen Arbeitsplatz zu bekommen.

Frage 31:   Wieso treten Süchte auf?

Süchte haben etwas mit Suchen zu tun. Hier sind Menschen gekennzeichnet, die nach etwas suchen, was ihnen ihr Leben nicht anbietet. Ein Mann greift zur Flasche, wenn seine Frau ihn verlässt. Ein junger Mensch nimmt Drogen, wenn ihm seine Alltagswelt zu armselig vorkommt, wenn er etwas ganz Besonderes erleben will, wenn er zu einer Clique von Gleichgesinnten gehören will.

Nicht alle weichen auf diese Weise aus. Dazu gehört eine besondere Verletzlichkeit oder Sensibilität. Süchtige Menschen können sich nicht abgrenzen, d.h. sie schützen sich nicht vor falschen Freunden oder schädlichen Energien. Denn es sind oft nicht nur sichtbare Menschen, die sie ins Verderben locken, sondern auch mitunter abgeschiedene Geister, die ihrer eigenen Lust weiter frönen wollen. Solche besetzten Menschen geraten dann auf die schiefe Bahn. Es gab einmal einen Arzt in Brasilien, der mit seiner Frau zusammen diese Menschen durch Belehrung der Geister/Seelen und die Übertragung auf seine Frau von schlimmen Besetzungen heilen konnte. Sein Name war Wickland (*30 Jahre unter den Toten*). Ihr dürft auch nicht vergessen, dass auch Christus Geister ausgetrieben hat.

Die Diagnose ist also durchaus schwer zu stellen, und die Behandlung grenzt oft an einen Exorzismus. Die Katholische Kirche hat heute noch Priester, die solche Rituale durchführen.

Auf jeden Fall ist die erhöhte Sensibilität die Grundlage für Suchtverhalten.

Aufenthalte in „reiner Umgebung" wie z.B. einem buddhistischen Kloster oder dgl. können ebenfalls dieses schlimme Leid lindern oder gar heilen. Die Tatsache, dass die materielle Welt in eine spirituelle oder feinstoffliche eingesenkt ist, sollte als Tatsache allmählich in das Denken der Massen eingehen. Ihr schafft euch auch euer Umfeld selber. Geht einmal in eine Kneipe und versucht zu erspüren, welche Energien sich da angehäuft haben. Oft kommt der Besucher als anderer Mensch wieder heraus. Ebenso geht es jenen Frauen, die in großen Warenhäusern nur eine kleine Sache kaufen wollen, vielleicht ein paar Strümpfe oder dgl. Und was geschieht? Sie kommen mit zwei großen Einkaufstüten heraus. So sehr sind sie dem Sog der bittenden Waren oder besser gesagt, der Kaufenergie, verfallen. Denn auch Kaufen ist eine Sucht oder kann eine werden.

Ursache dafür ist immer ein Mangel. Ein Mangel an Befriedigung verschiedener Wünsche. Man sollte versuchen, herauszubekommen, wie dieser Mangel ausgeglichen werden könnte. Dann verschwindet auch dieses Kompensations-Syndrom.

Eine viel bessere Variante, etwas zu bekommen, was einen glücklich machen kann, ist, Gott darum zu bitten. Wenn dieser Wunsch niemanden sonst verletzt, wird sich das ganze Universum bemühen, diesen Wunsch zu erfüllen. Glaubt ihr das nicht? Dann probiert es einmal ernsthaft aus. Mit einem Lächeln auf den Lippen geben wir euch diesen ernsthaften Rat.

Frage 32: Man hört gelegentlich von der Erscheinung des Maitreya. Wann kommt dieser Meister oder wann macht er sich der Weltbevölkerung bekannt?

Eine Frage, die wir wohl zu beantworten wissen, die aber vielleicht Schrecken oder Empörung auslösen könnte. Denn diese Person ist bereits auf der Erde und lebt unerkannt in London, hat aber schon von sich reden gemacht. Von asiatischer Rasse zeichnet er sich durch eine außerordentliche Fähigkeit aus, in Augenblicken größter Not präsent zu sein. Es gibt Fotos von ihm, selbst wenn er auf entsprechenden Veranstaltungen nicht zugegen war. Seine besondere Stärke liegt in der Fähigkeit, Menschen in der Not zu helfen. Er hat keinen Ashram, er hat wenige Mitarbeiter, einen, der ihm nahe steht und der auch als sein Übersetzer fungiert. Aber jede Form der Persönlichkeitsverehrung lehnt er strikt ab.

Seine Rolle wird er auf der Weltbühne etwa in einem Jahrzehnt spielen, wenn der Planet sozusagen in den letzten Zügen liegt. Die Menschen werden sich nicht mehr zu helfen wissen, denn jeder wird um sein Auskommen kämpfen oder feilschen müssen. Da wird er dann mit einer Weltansprache die Aufmerksamkeit auf sich lenken und Anweisungen erteilen, die er kraft seines Willens unterstützen wird, so dass sie auch Gestalt annehmen. Man wird ihn nicht den wiedergekehrten Christus nennen, sondern eben Maitreya. Dieses Wort heißt einfach nur ins Deutsche übersetzt *Meister*. Er versteht sich als Bote des Höchsten, sozusagen als Exekutive. Er führt den Willen des obersten Herrn aus, der ihm die Fähigkeiten gegeben und ihn für diese Aufgabe ausersehen hat. Er wird die Herrschaftsaufgaben der Welt übernehmen, und niemand wird in der Lage sein, gegen ihn öffentlich aufzutreten. Warum das so sein wird, kann ich hier nicht weiter übermitteln.

Frage 33: Die Frage, ob es Wiedergeburt oder Reinkarnation tatsächlich gibt, bedarf noch einer tiefer gehenden Erläuterung. Bitte hilf uns dabei.

Gern, zunächst möchte ich die Begriffe erläutern. *Wiedergeburt* ist die deutsche Übersetzung des Wortes *Reinkarnation*, das eigentlich Wieder-Fleischwerdung bedeutet. In dem aus der lateinischen Sprache entlehnten Wort stecken die Teile *re*, ein Präfix, das immer *wieder, erneut* bedeutet, und die Wurzel des Wortes *caro*, das *Fleisch* heißt. Im Wort *Karneval* taucht die gleiche Silbe *car* auf und dazu die Imperativ-

form *vale* = *lebe*. Also Karneval heißt Fleischeslust genießen oder Fleisch lebe.
Entsprechend heißt *Reinkarnation erneute Fleischwerdung*.

Was also ist der Mensch, wenn sein Fleisch stirbt? DAS ist genau die Frage, um die das Denken der Philosophen und Theologen seit Jahrtausenden kreist. Was bleibt vom Menschen übrig, wenn wir ihn begraben, wenn wir sein Fleisch zu Staub werden lassen?
Ohne ein anderes Menschenbild kommt man hier in der westlichen Kultur nicht weiter. Zwar heißt es gelegentlich, der Mensch habe eine Seele, die den Tod überlebt. Aber nicht einmal die Psychologie, die sich die Wurzel *psych* einverleibt hat, gebraucht das Wort Seele in ihren Schriften oder ihrer Wissenschaftssprache.
Die Bibel spricht auch von der Seele des Menschen, und Christus hat am Kreuz dem Häscher zugesichert, er werde ihm im Himmel wieder begegnen. Er hat ihm also quasi Leben nach dem Tod zugesagt.

Die alten indischen Weisen wussten sehr wohl, dass Leben nie aufhört. Nichts hat ein Ende. Alles ist unendlich, es wechselt lediglich seine Energiedichte.
Der physische Körper, der Leib des Menschen, das *Fleisch* sozusagen verliert im Sterbevorgang das, was sein eigentliches Ich ausmacht: den Geist oder das Bewusstsein. Alles, was die Persönlichkeit eines Menschen gekennzeichnet hat, seine Gefühle, sein Wissen, seine Ich-Struktur manifestiert sich in feinstofflichen Hüllen, die die Rishis namentlich gekennzeichnet haben und die nach dem Tod als „Ernte" mitgenommen werden. Diese Energie findet ihren eigenen Platz in den höheren Welten und wird dort ihre eigenen Aufgaben fortsetzen oder sich bereit erklären, erneut in die materielle Welt zurückzukehren.

Dies ist die Reinkarnation, die in den großen Weltreligionen eine zentrale Rolle spielt. Die Vorstellung einer Wiedergeburt gab es auch 5 Jahrhunderte in der jungen christlichen Religion, bis sie auf dem Konzil von Konstantinopel entfernt wurde. Der Grund dafür war die Überlegung, dass damit den christlichen Lehrern eine geringere Machtstellung eingeräumt werden würde. Macht ist an die Stelle der Wahrheit getreten. Machtmissbrauch hat die Aussagen der christlichen Religion verfälscht. Das ist eindeutig – auch aus dem neuen Testament – herauszulesen, denn der leibhaftige Christus erscheint seinen Jüngern nach der Kreuzigung unterwegs und lässt seinen Körper berühren. Asiatische Meister beherrschen diese Technik der kurzzeitigen Reinkarnation ausgezeichnet. So hat sich der indische Meister Babaji immer wieder nach seinem Tod seinen Anhängern gezeigt. Auch der Meister Yoganandas, Yukteshvar, erscheint ihm nach einem halben Jahr in einem Hotel in Indien (vgl. dazu die *Autobiographie eines Yogi*).

Reinkarnation ist eine absolute Tatsache. Und sie ist nicht einfach unterschiedslose Energie, die sich zurückzieht, in einem großen Topf auflöst und dann wieder zusammenballt und als neue Person auf die Erde tritt, sondern sie ist für eine langjährige stetige Entwicklung einer individuellen Seele die einzige überzeugende Technik. Was nicht in einem Leben gelernt werden kann, kann also in weiteren Leben fortgesetzt werden, wobei sich die Muster wiederholen oder überkreuzen, bis eine Tatsache gelernt worden ist.

Eine Alternative wäre gewesen, den materiellen Körper ständig zu erneuern, damit genügend Zeit für die Reifung der Seele vorhanden gewesen wäre. Aber diesen Weg hat Gott nicht bevorzugt. Zyklen sind Ausformungen des Lebens und des Wachstums. Niemals ist der Weg eben, sondern setzt sich aus Vor- und Rücklauf oder Höhen und Tiefen zusammen. Auf der Basis des Gegensatzes entwickelt sich alles.

Frage 34: Was sagst du zu der Sportbesessenheit der Deutschen? Wir sind mitten drin in der Fußball-Europameisterschaft.

Ja, ich finde es durchaus gut, dass die Leidenschaften der Menschen ein Ventil gefunden haben, das anderen nicht wehtut. Schlimmer ist es, den nationalen Ehrgeiz in Kriegen oder militärischen Einsätzen auszuleben.
Der Sport, selbst wenn er längst ein Teil des allgemeinen Kommerz ist, hat die sehr wichtige Funktion, den Energiestau der Menschen aufzulösen. Die aktiv Sporttreibenden tun etwas für ihre physische und psychische Gesundheit, die anderen, die daran als Zuschauer teilnehmen, können ihren Überschuss an negativen und positiven Gefühlen in eine allen wichtige Angelegenheit einbringen.
Hinzu kommt das Gruppenelement. Darunter verstehen wir die Anhäufung von gleichen und konträren Interessen, die das Erleben des Einzelnen verstärken. Die nächste Stufe ist die Massenhypnose, die euch sicher noch in schlechter Erinnerung ist, als euer Führer Hitler die Nationalstadien füllte.
Das sind die positiven Elemente, die nicht hoch genug einzuschätzen sind, denn die Massen wollen sehen, sie wollen das Gefühl der Gruppenzugehörigkeit erleben und sie wollen sich gemeinsam freuen oder ärgern. Dies gehört zu jenen Menschen, die sich noch nicht sehr weit entwickelt haben, die in ihrer Mentalität leicht beeinflussbar sind und wie Kinder reagieren. Das ist kein negatives Urteil, sondern lediglich eine Feststellung des evolutionären Alters der Masse der Menschen.

Was natürlich an negativen Fakten erwähnt werden sollte, ist die furchtbare Kommerzialisierung des Sports, der daraus eine Ware gemacht hat. Auch die einzelnen Sportler werden „mit Gold aufgewogen" –, wie auf dem Sklavenmarkt in alten Zeiten Farbige verkauft wurden. Dennoch genießen sie auch VIP Status und werden von allen hofiert, als wäre es eine besondere Elite. Wer einmal ein wichtiges Tor geschossen hat, könnte durchaus Bundespräsident werden. Hier sehe ich eine absolut unmögliche Verirrung des Geschmacks. Ein Aufblähen der eigenen Person aufgrund von übersehbaren Leistungen, die durchaus einseitig und hochgradig speziell sich auf Körperfunktionen beziehen. Das ist eine Verkennung der wahren Werte innerhalb einer Gesellschaft.

Solange aber das Bewusstsein der Massen auf dieser tiefen Stufe verharrt, ist der Breitensport ein gutes Mittel zur Unterhaltung auf breiter Basis. Aber Vorbildfunktion hat der Schulsport und der Sport auf der Wiese, nicht der Profi-Sport.

Frage 35: Ich wüsste sehr gern, ob die deutsche Mannschaft tatsächlich in dieser Europa-Meisterschaft 2012 siegt. Ist eine solche Frage erlaubt?

Natürlich verstehe ich diese Neugier. Soweit ich das durchschaue, möchte ich diese Frage verneinen. Zwar wird die Mannschaft noch ein Stück über das Viertelfinale hinauskommen, aber dann wird sie entscheidend geschlagen, was eine große Überraschung sein wird. Aber ein solcher Dämpfer tut dieser Mannschaft und auch ihrem Trainer gut. Denn auch Niederlagen müssen verstanden und bearbeitet werden. Sie sind oft viel wichtiger für das generelle Wachstum als Siege.

(19. 6. 2012, v o r dem Viertelfinalspiel)

Frage 36: Was bedeutet es, wenn Menschen mit einer unheilbaren Krankheit auf die Welt kommen?

Diese Frage ist schwer allgemein zu beantworten. Auf jeden Fall bedeutet dies eine ungemein schwierige Erfahrung für alle Menschen, die unmittelbar davon betroffen sind, also der familiäre Kreis und Freunde und Verwandte.
Für den Kranken selber bietet dies eine große Chance, sozusagen sein Karma auf einen Streich abzutragen, was sonst in mehreren Leben geschehen müsste. Hier handelt es sich um sehr ehrgeizige Seelen, die in einem Vorleben erkannt haben, worauf es ankommt im Leben, und die nun einfach einen absoluten Neustart wagen wollen. In diesem Leben lernen sie viel mehr, als sie es je in einem gesunden Leben könnten. Auf der anderen Seite werden gewisse Risiken, aber auch Chancen einfach unterbunden, was einmal Glück, zum anderen Unglück bedeuten kann. Wenn jemand z.B: gelähmt ist, lernt er, seine Unabhängigkeit aufzugeben, abhängig zu leben, geduldig zu sein, nach innen zu hören und zu schauen. Auf der anderen Seite wird dieser Verzicht ausgeglichen durch einen schier unglaublichen Gewinn, dass diese Seele einen Meilensprung macht und der Vollkommenheit sehr viel schneller entgegengeht/lebt, als es sonst möglich wäre.

Ich bitte also alle Betroffenen, die mit einer unheilbaren Krankheit auf die Welt gekommen sind, nicht zu verzweifeln, sondern sich mit ihrer physischen Situation einzurichten und den Akzent auf seelische Weiterentwicklung zu setzen. Oft sind sie in ihrem Kreis regelrechte Lebenssonnen, die anderen helfen, mit ihrem leichteren Leben fertig zu werden, die andere lehren, dankbar zu sein für Dinge, die sonst als selbstverständlich angenommen werden.

Wer in seiner Familie einen Menschen mit einer unheilbaren Krankheit hat, darf sicher sein, dass sein Leben gesegnet ist. Die Dienste, die einem solchen kranken Menschen geleistet werden, werden mit „Gold" aufgewogen, wenn einmal die letzte Rückschau auf dieses Leben gemacht wird.

Frage 37: Leben bereits außerirdische Wesen unter uns Menschen auf dem Planeten Erde?

Aber natürlich. Sogar recht viele. Sie mischen sich einfach unter euch, leben meist unerkannt und ungesehen zwischen euch, weil sie auf feinstofflichen Ebenen existieren, die den meisten Menschen unsichtbar sind. Sie sorgen auf diffizile Weise dafür, dass bestimmte Dinge nicht getan werden. Sie beeinflussen Menschen in ihrem Tun und Handeln, um schlimmere Auswüchse zu vermeiden. Die meisten meinen es gut mit euch Erdbewohnern.

Es gibt allerdings auch einige, die Böses im Schilde führen und sich durch Einflüsterungen bei einigen labilen Menschen bemerkbar machen. Sie sind umherirrende Seelen, die sich noch nicht von der Erde gelöst haben und nun ein Betätigungsfeld suchen. Hierher gehören frühere Mörder, Drogensüchtige und Verwirrte, denen man keine Aufmerksamkeit schenken sollte. Wenn es ihnen gelingt, jemanden für sich einzunehmen – dabei handelt es sich immer um sensitive Menschen, deren Aura eine Verletzung aufweist –, treten sie in dessen Aura ein und beunruhigen ihn mit Worten. So entstehen Krankheitsbilder wie Schizophrenie oder Psychosen. Medikamente helfen, diese Auraverletzung zu kitten, so dass kein Eintritt fremder Energien möglich wird.
Man könnte diesen Zustand auch eine „spirituelle Krise" nennen, denn Sensitivität ist an sich nichts Negatives. Bis sie aber beherrscht

wird, d.h. bis diese Einflüsse lediglich Positives für die Person bringen, dauert es eine Weile, bis die Person ein hohes Maß an Integrität und Zielbewusstsein erlangt hat.

Die Katholische Kirche hat dieses Krankheitsbild früh erkannt, denn auch Christus hat Teufel ausgetrieben. Gewisse Priester haben Erfolg, Menschen zu exorzieren, d.h. sie von ihren „Besitzern" zu befreien. Danach ist absolut gesundes Leben die Regel.

Frage 38: Wie verhält man sich, wenn man von anderen verletzt wird?

Die Frage muss etwas differenzierter gestellt werden.
Wer ist der Provokateur? Hat man selber etwas getan, um einen anderen zu verletzen? Oder hat ein anderer die Initiative ergriffen, um einen zu verletzen.
Das werde ich nacheinander zu beantworten versuchen.
Beides gehört zusammen. Wer provoziert, hat mehrere Optionen. Vielleicht will er zu einem Dialog aufrufen. Vielleicht macht er es, weil er Freude hat, einen anderen zu verletzen? Und im schlimmsten Fall ist es ihm so zur Gewohnheit geworden, dass er es selber einfach gar nicht merkt, dass er einen anderen verletzt hat.

Kommt es aus einem dieser Gründe zu einer Verletzung des Fragenden, so muss dieser dies einfach annehmen. Er kann sich um Klärung bemühen, aber wenn sein Gegenspieler dies ablehnt, ist es am besten, wenn er sich still zurückzieht und dem anderen „Gottes Segen" wünscht. Dahinter steht einfach das Gefühl, einem höheren Wesen die Beurteilung dieses Vorgangs anzuvertrauen. Wer sich auf Erklärungen einlässt, kann mitunter die Wunde des anderen noch vergrößern. Wer einfach geht, hat schon gelernt, dass er ebenfalls einen Anteil an dem Drama hat und wer Gott einfach die Klärung überlässt, zeigt, dass er unumstößlich zu dem Gesamtproblem gehört. Der Angreifer und der Angegriffene sind eine Einheit. Sie ergänzen sich. Wer provoziert, erfährt eine Verletzung und reagiert sie ab.

Nehmen wir zur Verdeutlichung ein Beispiel. Jemand fühlt sich durch das hohe Honorar des Nationaltrainers verletzt. Er meint, fast 3 Millionen Euro seien einfach zu viel für diesen Job, zumal andere mit sehr verantwortungsvollen Tätigkeiten etwa ein Zehntel davon bekommen. Der Verletzte sieht also einen Verstoß gegen die Gerechtigkeit.

Angesichts dieser Tatsache lassen sich viele böse Kommentare abgeben, öffentlich oder auch im Denken einzelner. Eine andere Möglichkeit wäre, einfach darüber hinwegzugehen und sich auf seine Verdienstmöglichkeiten zu konzentrieren. Die dritte wäre, sich klar zu werden, dass jeder an der Stelle steht, die er sich aufgrund seines früheren Verhaltens „erworben" hat. Wenn dieser Platz so hoch bezahlt wird, kann es als Anerkennung für seine früheren Verdienste verstanden werden – wenn auch in scheinbar ungerechtfertigter Höhe –, oder es kann als Herausforderung verstanden werden, die der Empfänger im Umgang mit diesem Geld zu bestehen hat. Es könnte ja sein, dass hier jemand in Bezug auf seinen eigenen Gerechtigkeitssinn geprüft wird. Vielleicht wird er anderen benachteiligten Menschen helfen, vielleicht wird er das Geld, das er nicht braucht, anderen hilfsbedürftigen Mitmenschen spenden.

Auf jeden Fall ist eine verbale Provokation verständlich, sie kann aber auch ausbleiben, um einer anderen Herausforderung zu dienen.

Frage 39: Meine Schwester meinte, Behinderte hätten das schwerste Schicksal zu verkraften und es sei nur Mitgefühl angebracht und kein Hinweis auf ein irgendwie geartetes Karma. Wie verstehst du das?

Deine Schwester hat Recht und du auch. Du vergisst allerdings, dass es für alle Fragen verschiedene Antwort-Ebenen gibt, abhängig von der Situation und dem jeweiligen Alter der Seele. Nennen wir es einfach das Alter der Seele.

Wenn ich mit einem Kind rede, sage ich natürlich lediglich, dass wir einem Kranken oder Behinderten helfen sollten, mit seinem gewiss schweren Schicksal fertig zu werden.

Wenn ich mit einem Halbwüchsigen rede, sage ich, er solle sich ein Beispiel daran nehmen, wie tapfer diese Menschen ihr schweres Los annehmen.

Und zu einem Erwachsenen würde ich sagen, soweit ein Behinderter Hilfe braucht bei seinen täglichen Lebensverrichtungen, möge er es ihm geben. Ihm mitzuteilen, dass er selber Verursacher dieser Schwierigkeiten gewesen sei, würde ich nur dann, wenn eine große Reife vorhanden wäre. Nur dann würde ich dem betreffenden Menschen oder Behinderten sagen, dass alles seine Ursache habe, auch seine Behinderung.

Generell darf man nur dann Menschen über tiefere Lebensursachen und -faktoren aufklären, wenn man spürt, dass sie bereit sind, Verantwortung für ihr Handeln und Leben zu übernehmen, dass sie dem Traum des *Laissez faire* entflohen sind und sich auf den Heimweg machen, Heimweg zu Gott, zu tieferer Erkenntnis und höherer Liebe.

Ich muss nicht hinzufügen, dass das Wissen, dass alles Leid selbst verschuldet ist, irgendeinen Menschen von seiner Pflicht befreit, dem Leidenden liebevoll zu helfen. Das ist doch selbstverständlich. Das Wissen vom Karma enthebt euch nie eurer Liebespflicht, denn damit würdet ihr euch ja selber ein negatives Karma für die Zukunft schaffen.

Frage 40: Ist es also verwerflich, überhaupt über Dinge zu reden, die anderen eine Erweiterung ihres Bewusstseins erlauben? Wie steht es dann mit Büchern, die dieses Wissen anbieten?

„Missionare" sollten zuerst Helfer im Alltag sein. Erst wenn der Mensch selber nach dem Grund dieser liebevollen selbstlosen Alltagshilfe fragt, kann der Missionar seine Quelle angeben. Die Neugierde oder der tiefe Wunsch des anderen erlaubt ihm, über Dinge zu reden, die ihm zur Gewissheit geworden sind und ihm das Leben besser zu verstehen helfen. Es ist die Liebe, dem anderen auch seinen Lebensweg zu erleichtern, die ihn dazu bringt, über tiefe Weisheiten zu reden, die in alten Schriften aufbewahrt sind und im Weltbewusstsein vorhanden sind.
Es ist also nie Nötigung, nie Verkürzung des Weges, die vielleicht gar nicht ertragen werden könnte, sondern einfach ein Gespür für das geistig-seelische Niveau eines Mitmenschen, das es dem „Missionar" erlaubt, ihm solche Dinge wie Karma oder Reinkarnation zu berichten.

Wenn jemand zu Büchern greift und aus Versehen auf solche alten Weisheiten stößt, ist es seine Sache, das Buch wegzulegen oder aufmerksam weiter zu lesen. Der Schriftsteller hat keinen "Schuld-Anteil". Er bietet nur an. Wer ihn liest, hat seine eigene Wahl getroffen und kann nach Belieben sein eigenes Wachstum fortsetzen oder es verzögern. Auch da besteht kein Grund, sich irgendwie darüber zu erheben. Alles hat seine Zeit, Wachsen kann ein wenig beeinflusst werden, aber es braucht seine Zeit.

Frage 41:   Ich würde gern wissen wollen, mit wem ich gerade rede. Ist das möglich?

Gern antworte ich dir auf diese zweifellos wichtige Frage. Im Titel deines – oder besser – unseres Buches vermittelst du den Eindruck, du hättest mit Gott persönlich Kontakt. Das ist nicht falsch, aber es ist auch nicht ganz richtig. Gott ist alles und er delegiert bestimmte Aufgaben an ausgewiesene Kenner. Ihr würdet sagen Leistungsträger. Andere bezeichnen sie als Engel oder Boten. Du bist ja nicht die erste, die verwundert eine solche Zusammenarbeit mit einem Boten Gottes betreibt.
Du willst einen konkreten Namen, und ich habe ihn dir zu Beginn genannt. Wir, ein Energiekontinuum, können uns als Quelle bezeichnen, denn wir sind vom Geiste Gottes erfüllt und geben dies an dich weiter. Wenn du mit deinen Pflanzen kommunizierst, wenn du sie berührst oder ihnen zuflüsterst, wie schön sie seien, kommunizierst du mit Gott. Alles, was dich umgibt, ist Gottes Welt, ist seine geformte Energie. Denn Gott ist reine Energie, die Energie der Liebe. Liebe ist das schöpferische Prinzip schlechthin. Liebe teilt und zerteilt sich, um sich an allem zu erfreuen. Das Schöpfungs-Spektakel war ein einziger Liebestanz, ein Ausbruch der Freude und der Liebe. Alles war nun von göttlicher Abkunft und in allem lebte Gottes Atem.
Dennoch: Die Teile sind nie das Ganze, sie gehören zum Ganzen, aber sie sind nicht mit ihm identisch. Das müsst ihr verstehen, denn ihr seid noch nicht Gott-gleich. Ihr seid auf dem Weg zu diesem Ziel, denn Gott gleich zu werden, ist das Ziel seiner Teile, seien es

Steine oder Diamanten, Tiere oder Pflanzen. Alles ist unterwegs auf dem Pfad zur Vollendung, zur Erlangung göttlicher Reife.

Man könnte es scherzhaft „göttliches Abitur" nennen. Bis ihr das abgelegt habt, vergeht eine beträchtliche Zeitspanne. In den ersten Phasen ist eure Ähnlichkeit mit dem Gott, der euch geschaffen hat, kaum noch sichtbar. Ihr seid einfach unwissend. Ihr müsst euch daran gewöhnen, dass ihr plötzlich in eine materielle Hülle eingepflanzt seid, die euch begrenzt und viele Beschwerden macht. Der Körper ist eine Last, aber auch eine süße Last für den, der seine Vollkommenheit erspürt, seine Sensibilität erhöht, der seine Liebesfähigkeit ausdehnt ins Unendliche. Jahrhunderte, Jahrtausende seid ihr unterwegs, von einer Erdenrunde zur nächsten, bis es in eurer Seele einmal aufblitzt und ihr das grandiose Panorama göttlichen Bewusstseins erfährt. Dann seid ihr ins Haus eures Vaters zurückgekehrt und werdet freudig empfangen.

Wo sind diese Menschen, die diese letzte Erfahrung zu ihrem Besitz zählen, fragt ihr? Nun, sie sind überall. Sie arbeiten im Verborgenen, aber einige sind auch unter euch und leben bescheiden und unerkannt, aber ganz im Sinne eines Dieners Gottes und der Menschen. Ihr werdet sie an ihrer Bescheidenheit und ihrem Respekt anderen gegenüber erkennen. Ihre Augen werden glänzen, denn sie tragen das innere Licht in sich, und es erleuchtet ihre Umgebung. Ich möchte euch auch durchaus verraten, dass sich bald ein Meister öffentlich zu seiner Mission bekennen wird. Er lebt seit einiger Zeit in England und ist bereits in vielen Orten gesehen worden. Wenn seine Auftritte im Fernsehen sich häufen, wird die Zeit seines Rates bedürfen. Mehr möchte ich zur Zeit nicht sagen.

Frage 42: Ich höre euch/dich nur, aber wie könnte ich mir euch/dich vorstellen? Wie siehst du aus, Quelle?

Wie sieht eine Quelle aus? Sie sprudelt, sie ist hell, leuchtend, sie ist klar. Sie ist von Funken umgeben, die wie klare Wassertropfen sprühen. Sie ist wie eine Quelle auf einem hohen Berg.
Dies ist die Metapher.
Wenn ich versuche, dir zu beschreiben, wie ich von dir gesehen und beschrieben werden könnte, wenn du hellsichtig wärst, so würde ich von einer zarten hellen Wolke sprechen, von einem sanften, hellen Licht, das sich bewegt, das sich ändert, das sich verkleinern und vergrößern kann, das sich aufblähen und zu einem kleinen Funken zurückbilden kann, man würde von Transparenz sprechen, von ätherischen Schleiern, wehenden Formen, Flügeln von Engeln. So sind geistige Energien von einigen Menschen gesehen und beschrieben, von Malern gezeichnet worden. Sie haben etwas, was unbeschreibbar ist, denn es entwickelt sich entsprechend ihrer Aufgaben. Ich habe keine feste Kontur, ich fließe – verstehst du das? Bist du mit meiner Beschreibung zufrieden? Spürst du meine Gegenwart? Solltest du nicht glücklich sein, zumindest zutiefst erstaunt, dass Gott sich so zu dir herab neigt und dir seine Worte einflößt? Warum feierst du nicht jeden Tag als Geschenk? Warum lässt du dich von Gedanken und Emotionen verwirren, die nicht zu deiner Lebensaufgabe gehören? Wir lieben dich, wir beobachten dich, wir sagen dir, was wir denken. Du brauchst nicht dankbar zu sein, aber du solltest glücklich sein.

Antwort: *Natürlich bin ich sehr dankbar, dass ich solche Gesprächspartner habe und dass ihr es mit mir wagt, die doch manchmal immer noch Zweifel oder zumindest ein bisschen Skepsis gegenüber einer solchen Zwiesprache hat. Aber dankbar bin ich, das möchte ich auf jeden Fall betonen.*

Frage 43:   Was haltet ihr von Prognosen?

Prognosen sind unentbehrlich. Wer keine Zukunftsplanung macht – und wäre es nur der nächste Tag –, gerät ins Hintertreffen. Wer eine Gruppe zu versorgen hat, wie z.B. eine Familie, muss auch planen.
Aber Pläne sind natürlich keine Prognosen. Diesen Unterschied sollten wir beachten. Prognosen werden allerdings auch in allen Bereichen dauernd gemacht, um Handlungen zu optimieren. Wenn ich weiß, dass es morgen regnen wird, werde ich die Ernte heute noch einholen. Wenn ich weiß, dass morgen das Geld entwertet wird, muss ich Sorge dafür tragen, dass ich heute noch Vorräte kaufe. Prognosen können sehr hilfreich sein, und manchmal sind sie genau wie Pläne unentbehrlich.
Aber natürlich besteht grundsätzlich die Gefahr, dass sie nicht präzis sind, dass sich Fehler eingeschlichen haben, dass sie am Ende ganz falsch sind. Darauf muss man gefasst sein. Das lässt sich kaum ändern, denn die Zukunft ist variabel. Vieles liegt fest – oder besser – hat sich bereits verfestigt, lässt sich nicht mehr ändern, aber einige Dinge können, wenn sich genügend Energien sammeln, verändert werden.
Ich gebe euch ein einfaches Beispiel. Sagen wir, ihr seid auf einem Schiff unterwegs und es gibt eine Sturmwarnung. Das könnte absolut gefährlich werden für die kleine Nussschale, in der ihr euch befindet. Wenn aber alle sich gleichzeitig bemühen, den Sturm in eine andere Richtung zu lenken, könnten sie der Gefahr entkommen. Die Lehre, die ihr daraus ziehen könnt, ist einfach: Vieles ist festgelegt (der Sturm), aber die Richtung ist variabel. Wir beeinflussen mit unseren Gedanken, unseren Wünschen, unseren Erwartungen die Folgen und Ergebnisse von Handlungen. Denkt also in die Richtung, die euch am besten gefällt. Tut dies intensiv und mit starkem emotionalem Einsatz. Wenn das Karma das gewünschte Ergebnis

nicht zulässt, wird der Wunsch nicht erhört. Aber wenn keine karmischen Widerstände vorhanden sind, könnt ihr das Ergebnis erreichen, das ihr anstrebt.

Du fragtest eigentlich, was *unsere* Prognosen wert sind? Die Validität unserer Voraussagen hängt ebenfalls von einigen Faktoren ab: der Energie des Mediums und den Energien der Masse. Wenn wir z.B. behaupten, dass die Wirtschaft in Europa zusammenbricht, so ist das eine Aussage, die eine große Mehrheit ablehnen wird. Vielleicht bringt es diese Mehrheit mit ihrer geballten Gedankenenergie fertig, diesen Satz zu konterkarieren.

Wenn aber karmische Ursachen vorliegen, z.B. viel Betrug, Korruption, Ausbeutung von Menschen, falsche politische Grundsätze, dann wird unsere Prognose gültig sein.

Frage 44: Wie sollte man sich bei Intrigen verhalten?

Gern beantworte ich dir diese Frage. Es ist immer ein Armutszeugnis für eine Firma oder ein Institut, wenn es im Hintergrund Verschwörungen gegeneinander oder Intrigen gibt. Wer intrigiert? Immer einer, der es mit der Wahrheit nicht genau nimmt und der einem anderen Mitarbeiter keine Erfolge gönnt.

Es ist meist so, dass Männer es nicht ertragen können, wenn Frauen dominieren oder an der Spitze einer Firma stehen. Das verträgt ihr Ego nicht. Sie wollen nach wie vor die erste Geige spielen und Befehle oder Anordnungen erteilen. Frauen haben andere Aufgaben, meinen sie, als irgendwo im Zentrum zu stehen.

Vielleicht ist es günstig, sich klaglos aus einem solchen Geschäftskllima zurückzuziehen. Du hast es bei einer jungen Kollegin erlebt, der einfach gekündigt wurde, weil sie sehr qualifiziert war und auf ihrer Sicht und Beurteilung eines Projekts bestand. Diese Entlassung hatte gar nichts mit ihrer Qualifikation zu tun, und sie wird sicher vor Gericht ihr Recht bekommen.

Anders ist es bei ehrenamtlicher Tätigkeit. Ob sich da ein Rechtsbeistand als hilfreich erweisen könnte, wissen wir nicht. Auf jeden Fall ist böse Absicht im Spiel, der man sich nicht unbedingt aussetzen sollte.

Vielleicht wäre es gut, seine freiwillige Arbeit an einen anderen Ort zu verlegen, wo sie geschätzt und respektiert wird. Feinde – auch grundlose Feindschaft – vergiften mitunter die Atmosphäre am Arbeitsplatz und vergiften die Seelen der Betroffenen.

Mobbing ist die Vorstufe, Intrigen sind noch hinterhältiger und die Krönung sind Betrug und ein krimineller Akt.

Da wo Ehrlichkeit – oder sagen wir es weniger moralisch – da wo Transparenz aufgegeben wird, liegt etwas im Argen. Leider ist es eine Zeitqualität, die lediglich aufzeigt, wie wenig manche Menschen von ihrer eigentlichen Aufgabe verstehen.

Frage 45:   Wo ist karitative Hilfe am meisten angesagt?

Das ist eine schwierige Frage, denn ich kann nicht erkennen, wo die stärksten Akzente gesetzt werden sollten: den Hunger zu beseitigen, für Bildung zu kämpfen, Frauenrechte zu stärken, Aids zu bekämpfen, die hohe Kindersterblichkeit einzudämmen, Waisen zu versorgen –, und tausend andere Organisationen haben das Recht, auf Missstände hinzuweisen und um Hilfe zu bitten.

Jeder wird angesprochen. Natürlich gibt es viele, denen es selber an allem fehlt. Aber schon der Mittelstand und vielmehr die Reichen in einer Gesellschaft sollten sich überlegen, wo sie Nöte mildern oder gar beseitigen könnten. Es gibt wunderbare Helfer der Menschheit, denen ich hier ausgesprochen danken möchte. Sie werden ihr nächstes Leben in Wohlstand bei guter Gesundheit und in einer einträchtigen Familie leben können, denn alle guten selbstlosen Taten haben ihre Folgen.

Viele werden oder können sich für eine Gruppe entscheiden, z.B. für die Rettung der Urwälder oder den Tierschutz. Überall sind Gelder gebraucht und überall wirken sie Segen.

Schlimm ist es allerdings, wenn die Organisationen das Geld für bürokratische Maßnahmen verschleudern oder sie gar an sich nehmen unter irgendeinem fadenscheinigen Vorwand. Solche Betrügereien wiegen schwerer als ein offener Diebstahl im Warenhaus.

Christus hat gesagt, was ihr einem der geringsten Brüder tut, das tut ihr mir. Also versetzt euch in ein behindertes Kind, eine einsame Sterbende, hungernde Familien überall. Tragt dazu bei, dass die Not abnimmt und Dankbarkeit die Herzen der Beschenkten und Friede die Herzen der Spender erfüllt.

Frage 46: Darf ich dich zur gegenwärtigen Wirtschaftskrise (2012) befragen? Besteht Grund, Angst zu haben?

Du willst also eine Prognose. Gern komme ich deiner Bitte nach. Meine Antwort ist ganz klar gegliedert: a) wie ist die Situation und b) was ist das Ergebnis für Deutschland?

Die gegenwärtige wirtschaftliche Situation erinnert an einen riesengroßen Luftballon, der kurz vor dem Zerplatzen steht. Alle, jedenfalls die meisten Staaten in dem politisch noch nicht vereinigten Europa – der Geburtsfehler schlechthin – sind hoch verschuldet, zum Teil hoch verarmt und mit hohen Arbeitslosen-Zahlen. Die Produktion lahmt, Darlehen sind zu teuer, Firmen können sich solche finanziellen Belastungen nicht leisten, also fahren sie die Produktion mehr und mehr zurück. Eine Firmenpleite jagt die andere, am Ende gehen die Menschen auf die Straße.

Hinzu kommt ein schwerer Fehler: die Laxheit des Umgangs mit Steuersündern. Natürlich würden die Staaten viel besser dastehen, wenn erstens die Steuer für Superreiche mindestens 70 % betragen würde und 2. diese Steuern tatsächlich dem Staat zufließen würden. Aber das ist in vielen Ländern nicht der Fall, und die aufgeblähten Rettungsschirme sollen ein solch miserables Gemeinschaftsverhalten noch unterstützen. Eine Entwarnung kann ich leider nicht geben, solange diese Missstände weiter bestehen und es keine Mehrheit in den Gesellschaften gibt, sie abzustellen.

Die Situation in Deutschland spitzt sich auch zu, in aller Kürze. Es wird ein Resteuropa geben, das aus ein paar nordeuropäischen Ländern besteht, die ihre Aufgaben erfüllen. Daneben werden wieder Nationalstaaten wie eh und je existieren und so besser – mit ihrer alten Währung – versuchen, wieder auf die Beine zu kommen.
Der ständig wiederholte Satz, nur ein Vereinigtes Europa würde wirtschaftlich von den großen Staaten anerkannt werden, hinkt. Nehmen wir Japan, ein winziges Land, und trotzdem war es den stärksten Wirtschaftsmächten immer ein ebenbürtiger Partner. Also weg mit den Parolen und zurück zu einer festen Struktur.
Deutschland wird noch nahezu glimpflich sich aus diesem Sumpf herausziehen können. Allerdings werden noch mehr Menschen verarmen. Es wird auch Aufstände von den unteren Schichten geben, und die Superreichen werden es schwer haben, ihren Besitz zu verteidigen, denn bald wird auch eine andere Regierung das Ruder übernehmen.
Gerechtigkeit allein kann nichts erreichen, es muss auch der Einsatz aller dahinter stehen. Wer nicht arbeitet, egal was, sollte nicht beschenkt werden. Wenn die Zeiten schlechter werden, ist Flexibilität das A und O der Stabilisierung. Nach dem letzten Krieg haben alle am Aufbau teilgenommen, niemand schonte sich. Der Begriff

Trümmerfrau weist deutlich darauf hin. Niemals haben Frauen so viel zur Wiederauferstehung einer Gesellschaft geleistet wie die Frauen, die in der ersten Hälfte des letzten Jahrhunderts Kriege und Nachkriegszeit erlebt haben.

Vielleicht könnt ihr begreifen, dass ihr auch etwas über der notwendigen finanziellen Grundlage lebt. Noch nie wurden so viele Luxusgüter in Deutschland gekauft wie gegenwärtig. So viel Freizeit gab es nie, so viel staatliche Hilfe auch nicht. Deutschland ist immer noch ein Schlaraffenland für Menschen aus den ärmeren Gegenden der Welt. Dieser Überschuss wird zur Schuldentilgung angegriffen werden müssen.

Frage 47: **Gestern wurde eure Prognose für die Fußball EM bestätigt (28. 6. 2012). Vielen Dank. Was haltet ihr von Meditation?**

Wir bevorzugen, unverbindlich zu bleiben. Es gibt zahlreiche Wege zu Gott oder anders ausgedrückt zum Erreichen des Ziels. Euer Ziel ist plakativ gesagt, die Rückkehr in die Einheit. Manche nennen es die Erweiterung des individuellen Bewusstseins in das absolute Bewusstsein hinein. Mitunter gebraucht man Ausdrücke, die den alten indischen Schriften entnommen sind, z.B. *moksha* = Befreiung vom Rad des Lebens oder *sat-cit–ânanda* = Erleuchtung, was man als Sein-Bewusstsein-Glückseligkeit übersetzen könnte.

Das sind aber alles kulturell geprägte verbale Hülsen für e i n e Erfahrung, die zwar individuelle Züge hat, aber dennoch den gleichen Kern. Diese Erfahrung ist für jeden überwältigend.

Man muss nun keineswegs einen Wettstreit veranstalten: Wer erreicht am schnellsten das Ziel, oder wie lässt sich dieses Ziel am einfachsten erreichen, oder kann man das Erreichen des Ziels verzögern?

Diese Fragen können nun auch sehr kontrovers beantwortet werden. Es ist an euch, auf die Anzeichen eures Alltags zu reagieren. Ihr bekommt die Lektionen von der Außenwelt, gelegentlich auch von eurem inneren Meister.

Kehren wir zurück zu deiner Frage: Was haltet ihr von Meditation? Die kurze Antwort lautet: Sehr viel. Eine längere würde so ausfallen. Meditation führt in die Stille, ins Innere eures Bewusstseins, wo Atman in der Nähe eurer Herzgrube schläft. Regelmäßige Meditation wird von Atman als zarter Hauch empfangen, und wenn dieser verstärkt ist, kommt es zum Erwachen oder eben der Ausweitung des Bewusstseins.

Dieser Prozess kann aber auch auf anderen Wegen erreicht werden, wenn bereits diese Annäherung an Atmans Reich in früheren Leben geschehen ist. Dann genügt z.B. ein rechtschaffenes Leben oder eine intensive Nächstenliebe oder ganz einfach Selbstlosigkeit in allen Situationen.

Christus hat dies in der Formel *Liebe deinen Nächsten wie dich selbst* zusammengefasst. Mehr ist eigentlich nicht möglich. Ein einfacher und zugleich enorm schwerer Weg, da es auf diesem Weg dazu gehört, dass man Schläge, Unterdrückung, „Kreuzigung" hinnimmt, ohne zurückzuschlagen. Ohne seine Wut gegenüber dem Verursacher auszudrücken – ein Weg der stillen Duldung. Zwar ist es immer möglich und nötig, die strittigen Punkte anzusprechen, höflich anzusprechen, aber verbale Rundumschläge sind nicht das richtige Mittel zum Zweck.

Die Menschen sind sehr verschieden. Es gibt keinen zweiten, der die gleichen Voraussetzungen für den langen Weg von erster Geburt bis zur Erleuchtung mitbringt. So darf jeder auf seine innere Stimme hören, und dann tun, was ihm geraten wird. Offenheit, Mitgefühl und Vergebung sind die Münzen, die in der Tasche eines gottgefällig lebenden Suchers vorhanden sein sollten.

Frage 48: Ich habe gerade erfahren, dass es an der Viadrina (Europauniversität in Frankfurt/Oder) einen Professor gibt, der es endlich wagt, sich mit Spiritualität wissenschaftlich auseinanderzusetzen. Ich bin sehr glücklich über diese erste Annäherung. Was sagt ihr dazu?

Wissenschaft und Spiritualität sind keine Gegensätze – im Gegenteil. Was lediglich fehlt, sind die Instrumente, die in feinstoffliche Strukturen einzudringen vermögen. Was ihr mit euren grobstofflichen Sinnesorganen aufnehmen könnt – und das ist doch die Basis eures wissenschaftlichen Verstehens –, ist ein winziger Ausschnitt aus dem riesigen kosmischen Labor.

Professor Walach ist einer der ersten Pioniere, der es ernsthaft betreibt, gegen die massive Unterdrückungsmaschinerie der etablierten Wissenschaft vorzugehen. Es ist auch sehr zu begrüßen, dass er auf dem Gebiet der Gesundheitsvorsorge die Angebote der Alternativen Medizin stützt und sie vor den Unterdrückungsmechanismen der klass. Medizin zu befreien versucht. Ein Menschenfreund und ein Wissenschaftler von hohem Rang. Wir freuen uns über alle, die sich dafür einsetzen, dass die Wahrheit endlich stärker zum Ausdruck kommen kann und alle Vorurteile aus Unkenntnis ausgeräumt werden. Wir zollen ihm viel Dank für seine Arbeit.

Frage 49: Ist es hilfreich, Skeptiker mit spirituellen Erkenntnissen zu konfrontieren?

Du weißt doch die Antwort. Ein Skeptiker steht auf einer anderen Bewusstseinsstufe und meint, sein Ziel bereits erreicht zu haben. Er wird sich vehement gegen eine neue Betrachtung des Lebens wehren, weil ihm dadurch ja klar werden muss, dass er sich geirrt haben könnte.

Dennoch ist es richtig, sein Wissen in diesem Sektor nicht einzuschränken, denn wer wollte richtig einschätzen können, wo jemand gerade sich befindet. Vielleicht fehlt der letzte Anstoß, und er ist bereit, sich auf eine Entdeckungsreise zu begeben.

Es macht also gar nichts, wenn ihr ausgelacht, verspottet oder gar mundtot gemacht werden sollt. Ihr helft dabei, einen göttlichen Auftrag zu erfüllen, und die Freude über eine Umkehr eines Menschen ist groß.

Was wäre, wenn jeder schweigen würde. Sicher, sein Verhalten könnte Fragen aufwerfen, seine Bescheidenheit, seine Herzlichkeit, sein Mitempfinden. Die Umgebung würde anfangen, Fragen zu stellen, warum er sich nicht wehrte, wenn er zu Unrecht angegriffen wird. Das ist eine gute Gelegenheit, eine wichtige Information weiterzugeben.

Aber auch wer ungefragt von seinen Erfahrungen im spirituellen Raum berichtet – sei es im familiären Umfeld, in der Öffentlichkeit oder in einem Buch –, hat etwas für die Menschheit getan.

Das hat nichts mit Missionierung zu tun, denn Wissen kann niemals aufgepfropft werden. Wenn ihr spürt, dass der andere keinen Zugang will, dann müsst ihr davon ablassen, ihn mit euren Erfahrungen oder Erkenntnissen zu stören.

Jeder hat seine eigene Geschwindigkeit auf dem Pfad zu Gott.

Frage 50: Ein großes Problem ist die Diskriminierung bestimmter Gesellschaftsgruppen, z. B. der Behinderten und der Ausländer. Würdest du bitte etwas dazu sagen?

Du hast die Reihenfolge schon vorgegeben. Betrachten wir also zuerst die Gruppe der Behinderten. Der Name ist richtig gewählt, denn sie werden an bestimmten Aktivitäten aufgrund von physischen oder psychischen Defekten gehindert. Es ist also eine Menschengruppe, die nicht alles zur Verfügung hat, was sie zu einem Standardleben benötigt.
Das sollte schon als Grund ausreichen, um das Verhalten der anderen zu bestimmen.
Ein Mensch, der mit einer physischen Behinderung geboren wurde, z.B. ein Blinder, oder einer, der durch einen Unfall Ausfälle von Funktionen hat, sollte immer der Fürsorge und Anteilnahme der Menschen mit anderer Gruppenzugehörigkeit sicher sein. Wer in irgendeiner Weise stärker ist, sollte dem Schwächeren helfen.
Oft kommt es aber gerade schon in frühester Kindheit, auf der Schule, zu Mobbing und anderen Grausamkeiten, die die Seele eines Menschen empfindlich verdüstern können.
Hier ist ständige Ermahnung und Aufmerksamkeit der betreffenden Aufsichtspersonen, Lehrer, etc. angebracht. Ein Mensch, der schon von vornherein mit einer schwächeren physischen Ausstattung ins Leben gehen muss, ist auch oft sehr dünnhäutig und leidet unter dem Spott anderer beträchtlich.
Es gibt aber – gerade auch unter den körperlich Behinderten – Menschen, die für ihre Umgebung eine unglaubliche Kraftquelle darstellen. Sie mobilisieren alle ihre inneren Sinne und erreichen ihre Ziele ebenso, wie es die anderen Nicht-Behinderten tun. Vor ihnen sollte man sehr viel Respekt haben, denn sie überwinden sich selber

in mehrfacher Hinsicht. Sie beneiden niemanden, dem es besser geht, sondern sie nutzen ihre geringeren Gaben und holen alles heraus an Möglichkeiten, die es gibt, um eine Aufgabe zu lösen. Oft wird körperliche Behinderung durch größere Sensibilisierung oder Intellektualisierung aufgehoben. Es werden andere Eigenschaften gelernt, es werden auch andere Aufgaben an die Umgebung gestellt. Behinderte sind – so hat es einmal eine große Lehrerin und Ärztin gesagt – die Lehrmeister in Sachen Liebe. Das stimmt.

Aber wenn auch eine körperliche Behinderung schwer genug ist, so wird sie durch eine geistige Beeinträchtigung noch verstärkt.
Was könnte die Ursache dafür sein, dass ein Kind mit Down-Syndrom geboren wird? Man spricht von einer Chromosomen-Differenz, einer Anomalie, die oft auftritt, wenn ältere Menschen Eltern werden. Diese Kinder haben oft eine sehr liebevolle Art. Es sind junge Seelen, die sich inkarnieren und ein schweres Leben auf sich nehmen, weil sie schnell vorankommen wollen. Sie sind außergewöhnlich gute dienstbare Wesen, die jeden, der Liebe braucht, verwöhnen. Man sollte ihnen Möglichkeiten geben, mit körperlich Behinderten zusammen aufzuwachsen, damit ihre pflegerischen Tugenden und Qualitäten eingesetzt werden können.
Es sind liebevolle kleine Lebensgefährten, die in jeder Gesellschaft angenommen werden sollten.

Menschen mit einer schweren geistigen Beeinträchtigung sind die eigentlichen Leidtragenden. Obwohl sie mitunter die Schwere ihres Leidens gar nicht selber beurteilen können, ist das Leben für sie ein unverständliches Durcheinander von Leid und Erlösung. Sie haben oft undefinierbare Schmerzen oder ein dumpfes Gefühl in ihrer Brust, und die Gabe von Psychopharmaka hilft wenig. Sie dämmern oft durch ihr Leben, ohne selbstbewusst reagieren zu können.

Natürlich gibt es viele unterschiedliche Krankheitsbilder, denen auch unterschiedliche Ursachen zugrunde liegen. Oft haben diese Seelen sich in früheren Leben schwer vergangen. Sie nehmen dann ein solches begrenztes und verstümmeltes Leben als Lösung auf sich. Sie lernen vieles, was sie in einem sogenannten normalen Leben nie lernen würden: Bescheidenheit, Abhängigkeit ertragen, quälende Langeweile.

Manchmal – das ist den Fortschritten der Sonderpädagogik zu verdanken – entwickeln sie auch besondere Gaben und Fertigkeiten, die sie in den Dienst einer Gruppe stellen können. Ihre Ausdauer ist mitunter enorm groß, auch ihr Vermögen, lange die gleiche monotone Arbeit durchzuführen. Mitunter sind sie außerordentlich pedantisch oder minutiös sorgfältig. Jede Eingliederung in Schaffensprozesse sind eine große Hilfe für ein gelungenes Behinderten-Leben.

Eltern mit einem geistig behinderten Kind geraten oft an die Grenzen ihrer seelischen und physischen Belastbarkeit. Sie sollten viele Hilfen vonseiten der Gesellschaft bekommen. Nicht Spott, schon gar nicht Verachtung oder Naserümpfen sind am Platze, sondern Mitgefühl und selbstlose Hilfsangebote. Eine Gesellschaft kann an der Art, wie sie mit diesen Schwächsten der Gesellschaft umgeht, erkannt werden. Deutschland hat da einen Spitzenplatz in der Welt, und die Menschen, die in solchen Anstalten und Häusern arbeiten, verdienen den höchsten Respekt. Sie erarbeiten sich hier eine reiche Zukunft.

Eine weitere Gruppe von Patienten finden wir bei den psychisch Kranken, also denjenigen, die Depressionen haben, die eine Borderline Störung haben oder Psychotiker sind. Sie sind meist in psychiatrischen Häusern anzutreffen, wo sie chemisch gedämpft, aber nicht geheilt werden.

Hier liegen seelische Verletzungen in der Vergangenheit vor. Es kann durch Erfahrungen im Krieg geschehen, dass jemand die Wucht der Erfahrungen nicht verarbeiten kann und schizophren wird. Das heißt, seine Seele verdrängt einen Inhalt und lässt zu, dass andere Energien einfließen.

Solche Krankheitsbilder entstehen, wenn Missbrauch in jungen Jahren vorliegt oder andere frühkindliche Traumatisierungen vorliegen. Dennoch ist die Zahl derer, die ohne medikamentöse Krücke weiterleben können gering. Sie haben einen Riss in der aurischen Hülle, und falls sie negative Kraftfelder anziehen, geraten sie oft in Konflikte, die man als Umsessenheit, Besessenheit oder dgl. bezeichnen könnte.

Aufenthalte in reiner Umgebung, z.B. in buddhistischen Klöstern, könnten dem Einzelnen vielleicht eine Gesundung bringen. Behandlungen, wie sie Dr. Wickland in Brasilien durchgeführt hat, verändern das Leben dieser armen Menschen, als wenn sie aus einem Gefängnis befreit worden wären.

Zugrunde liegt eine Hyper-Sensitivität, die noch nicht der eigenen Kontrolle unterworfen werden kann. Diese Menschen sind wie knetbares Material, das unter die Herrschaft anderer Energieströme gerät und seinen eigenen Willen total verliert.

Psychische Leiden gehören eigentlich in die Hände von spirituellen Meistern, nicht in die Hände von Psychiatern. Aber auch hier bestimmt der Betroffene selber, ob er sich auf ein reines, wahrheitsliebendes, uneitles Leben einlässt. Wer dazu nicht bereit ist, wer sich als hilfloses Opfer von den Wellen des Schicksals hin und her werfen lässt, hat die Lektion noch nicht erfasst.

Was von allen Menschen erkannt werden sollte, ist das Eingebettetsein in ein Meer von Energien, die verschiedener Art sein können. Die eigene Lebensführung bestimmt, welche Ströme sich nähern und welche fern bleiben müssen. Dies ist der Anspruch, der an die

Betroffenen gestellt werden sollte. Wollt ihr „krank" bleiben, oder wollt ihr versuchen, ein dharmisches Leben zu führen, natürlich mit Hilfen von Seiten der Familie und der unmittelbaren Umgebung. Wunder sind kaum zu erwarten, aber oft gewinnt das belagerte Ich des Patienten die Oberhand und vertreibt kurzerhand die schmarotzenden Energien.

Frage 51: **Eine Teilfrage ist noch unbeantwortet. Diskriminierung gegenüber Ausländern. Dein Kommentar dazu bitte.**

Sehr gern, Zunächst möchte ich die Frage präzisieren. Wieso gibt es Diskriminierung gegenüber unseren eingewanderten Ausländern? Weitere Unterteilungen werden sicher erforderlich sein.
Es ist in den Genen des Menschen gespeichert, gegenüber allem Fremden Vorsicht walten zu lassen. Wer anders ist, läuft Gefahr, aus Verteidigungsgründen angegriffen zu werden. Deshalb wurden Spielregeln eingeführt, die z.B. auch zur Fähigkeit führten zu lächeln oder zu lachen. Ursprünglich war das Zähnezeigen eine Drohgebärde. Man wollte Fremde nicht ins eigene Revier lassen, denn sie waren potentiell Feinde. Dieses Verhalten gehört zu unseren Urinstinkten.
Dennoch, wir haben gelernt zu lächeln und sogar entwaffnend zu lachen. Das ist die Begrüßung schlechthin. Das heißt: Sei willkommen, vorausgesetzt du führst nichts Böses im Schilde.
Dies nur zur Einleitung und zum Verständnis dieser heute atavistischen Impulse. Denn Angst und ein Begrüßungscocktail lösen keine Probleme, verhindern auch keine Diskriminierung.

Die anderen, die ins Land kommen, sind zunächst Gäste. Wir erwarten von Gästen meist, dass sie uns etwas mitbringen, z.B. ein interessantes Gespräch oder Blumen oder irgendein kleines Geschenk. Das hat sich in den westlichen Kulturstaaten so herausgebildet. Ebenso erwartet der Gast, dass man ihm etwas anbietet, ein Glas Wasser oder ein Essen, je nachdem, was gerade angezeigt ist. Auf jeden Fall erwartet er eine freundliche Aufnahme.

Was wir aus diesen allen geläufigen Verhaltensregeln lernen sollen, ist, dass hier ein Prozess stattfindet, der ein Geben und Nehmen beinhaltet. Jede Begegnung setzt sich aus diesen zwei Handlungen zusammen. Wenn beides in einem gewissen Gleichgewicht ist, ist die Begegnung gelungen.
Diese Formel lässt sich tatsächlich auf alle Begegnungen ausweiten. Zwischen Mann und Frau, zwischen Menschen gleicher oder verschiedener Veranlagung, zwischen Kollegen oder zwei Fremden auf der Straße. Immer ist diese Pendelbewegung der Maßstab für eine erfolgreiche Begegnung.

Übertragen wir dies nun auf die Situation eines Landes, eures Landes, das gegenwärtig und schon seit längerer Zeit von Menschen anderer Ethnien überflutet wird. Ich wähle dieses Wort absichtlich, denn Deutschland zeichnet sich gerade dadurch aus, dass es ohne allzu hohe Zäune aufzurichten, jedermann ins Land lässt. Sehr viel vorsichtiger verhalten sich andere Staaten im westlichen Kulturkreis.
Also wiederholen wir, dass jeder, der kommt, eine Bringschuld hat und jeder, der andere empfängt, ebenfalls ein angemessenes Geschenk anbietet.
Diese allgemeine Struktur eines Einwanderungsmodells lässt sich nun weiter verfeinern.
Die Bringschuld eines Zugewanderten besteht darin, dass er sich und seine Talente einbringt, damit seinen Lebensunterhalt verdient und ansonsten versucht, sich den jeweiligen Gegebenheiten seines Gastlandes anzupassen. Dazu gehört auf jeden Fall das Einhalten

der Gesetze, Toleranz gegenüber Andersgläubigen und eine Anpassung an die bestehende Kultur des Alltags. Mitgebrachte Sitten mögen eine Weile oder auch länger erhalten bleiben, aber sollten sie den Ablauf des gesellschaftlichen Lebens stören, müssen sie aufgegeben werden.

Die Gast-Gesellschaft verpflichtet sich ebenfalls, den zugewanderten Menschen alle Möglichkeiten der Weiterbildung, der Eingliederung in Arbeitsverhältnisse und angemessene Wohnsituationen zu bieten. Alle Sozialleistungen werden ebenfalls geboten, solange der Zugewanderte keine Möglichkeiten sieht, sich selber einzubringen.

Was gar nicht geht, ist Duckmäusertum, d.h. der Verzicht auf eine Beschäftigung und Auflehnung gegenüber den anderen Sitten der Gastgesellschaft. Wer seiner eigenen Heimat den Rücken kehrt – aus welchen Gründen auch immer –, der muss bereit zur Anpassung sein. Integration muss verbindlich sein, und wer sich nicht in der Lage dazu sieht, der muss leider den Weg zurückgehen. Das Gastland ist niemals verpflichtet, Zugeständnisse in dieser Hinsicht zu machen, die über die allgemeine religiöse Toleranz hinausgehen. Nach unserer Einschätzung bemüht sich die deutsche Gesellschaft in starkem Maße, diesen Verpflichtungen nachzukommen. Aber es gibt auf der anderen Seite immer wieder eine Verweigerungshaltung, vielleicht aus Unfähigkeit – dann ist das entschuldbar –, aber auch aus Opposition und einem morbiden Festhalten an Verhaltensweisen, die in einer offenen westlichen Gesellschaft nicht tragbar sind. Ich meine, um ein Beispiel anzuführen, den Ehrenmord. Das sind brutale archaische Sitten, die auf der ganzen Welt abgeschafft werden sollten. Dies ist ein tragisches Missverständnis alter Schriften. Damals mögen diese Ansichten vielleicht einen gewissen Wert gehabt haben, um die Menschen zu zügeln, aber heute in einem freien

Rechtsstaat sind sie absolut fehl am Platze und müssen dringend verfolgt werden. Wer dies nicht einsieht, möge bitte in sein Land zurückkehren.

Wir sagen dies offen und an jene, die eine falsch verstandene Vorstellung von der Freiheit eines Menschen oder der Unfreiheit von Frauen haben. Dies ist eine Karikatur von religiösem Verhalten und muss streng geahndet werden.

Diskriminierung ist in keinem Fall erlaubt. Sie ist auf beiden Seiten, den Einheimischen und den Zuwanderern, vorhanden und speist sich eben aus solchen extremen Vorschriften. Diskriminierung ist in jedem Fall eine falsche Einstellung. An deren Stelle sollte Aufklärung und Gesetzgebung treten.

Alle dürfen in einem fremden Land leben, sie müssen respektiert werden, und man sollte sie als Zuwanderer begrüßen, aber wenn dieses Entgegenkommen billig ausgenutzt wird, wenn man sich anmaßt, der Gegenkultur seine eigene veraltete Struktur überstülpen zu wollen, dann ist die Toleranzgrenze überschritten.

Selbst auf einem Fußballfeld gibt es ganz klare Regeln. Wer sie nicht einhalten will, der darf gar nicht mitspielen. Das ist ja gerade die innere Lehre des Sports, Fairness und Respekt vor dem Gegner zu lernen und Gesetze einzuhalten.

Also begrüßt die Fremden als einen Gewinn für euer Land und erwartet, dass sie sich mit all ihren Gaben einbringen. Das Ergebnis – nach einer langen Periode der Annäherung – ist immer eine reichhaltigere Kultur, als sie es vorher gab, und ein farbiger Genpool, der die Qualität der Gesellschaft auch biologisch verbessern kann.

Wer seine Kultur vor Fremden schützen will, begeht quasi Inzest. Auf Dauer kommt es da zu Missverhältnissen in der biologischen Ausstattung und zu einer Verengung kultureller Horizonte. Denkt einmal daran, was der Einfluss amerikanischer, farbiger Musiker in eurem Land ausgelöst hat. Das sollte schon einmal als Beispiel für einen kulturellen Gewinn dienen.

Frage 52: Was ist Krebs?

Krebs ist eine gefährliche Krankheit, die multifaktorielle Ursachen hat. Diese Ursachen sind einmal an die jeweilige Person gebunden, an Lebensweise und Einstellung zum eigenen Körper. Ich werde versuchen, dies klar herauszuarbeiten.
Es gibt eine gewisse individuelle Disposition, d.h. eine Lebenshaltung, ein Verhalten, dass die Entstehung von Krebs begünstigt. Wenn ich das so beschreibe, so sollte in Zukunft darauf geachtet werden, dass man nicht dieselben Fehler wieder macht.

Wenn ein Mensch durch schicksalhafte Ereignisse – gleichgültig in welchem Bereich – verstört wird, sei es Kinderlosigkeit, Scheidung, verletzte Eitelkeit, Karrierezusammenbruch –, sollte er seine Wut, seinen Ärger, seine Trauer aus dem pulsierenden System seines physischen Körpers herausbringen. Extreme Gefühle beschleunigen die inneren Zyklen, führen zu Chaos auf der Zellebene und im Gewebe. Wie ein großer Sturm fegt die Verletzung durch den Körper, nagt auch an derselben Stelle, will sich austoben, ausleben.
Das ist nicht ungefährlich. Besser wäre es, wenn man sich an Sportgeräten abreagiert, durch weite Wanderungen, durch Wutanfälle im eigenen Heim oder in der Familie oder bei einem Psychotherapeuten, durch Niederschreiben seiner seelischen Qualen. Eine solche Reinigung führt zur Beruhigung, und damit wird das Gleichgewicht der physischen Hülle wieder hergestellt.
Ihr müsst euch vorstellen, dass der Körper alles widerspiegelt, was sich in eurer Seele abspielt. Alle Negativität im Bereich der Gefühle

– auf der emotionalen oder astralen Ebene – wirkt auf die physische Ebene ein. Deshalb sollte man regelmäßig eine solche Reinigung vornehmen.

Geschieht das nicht, liegt also eine Veranlagung vor, Wut in sich hineinzufressen oder Ärger wegzustecken – jemand hat sogar von „Krebspersönlichkeiten" gesprochen –, so kommt es auf der Zellebene zu einem Amoklauf. Es bilden sich Zellhaufen, die man dann als Krebsgeschwür bezeichnet und dem man mit dem Messer zu Leibe rückt.
Die Schulmedizin versucht das Menschenmögliche, um das weitere Wachstum einzuhalten.

Man kann als Patient, wenn alle Maßnahmen nicht greifen, versuchen, mithilfe von Visualisierung den Krebs zu besiegen. Dies hat der amerikanische Arzt Dr. Simonton bekannt gemacht. Er kann auch viele auf diese Weise geheilte Patienten vorweisen. Der mentale Akt ist ebenso eine Kraft wie der Stahl.
Nie sollte man den Fehler machen, von „meinem Krebs" zu sprechen. Damit habt ihr ihn eingeladen, sich bei euch einzurichten und zu Hause zu fühlen. Denkt daran, dass Worte eine Macht darstellen und dass ihr Besitzer dieser Macht seid. Es kommt eben auf den vernünftigen Einsatz dieser Macht an.

Die Lebensweise eines Menschen spielt natürlich auch eine Rolle bei der Entstehung solcher Krankheiten. Wenn man z.B. in der Nähe eines Atomreaktors lebt, wenn man täglich von rauchenden Menschen umgeben ist, wenn man falsche Nahrung zu sich nimmt, d.h. viel zu fette und eiweißreiche, dann können hier die Ursachen liegen. Der Teil des Körpers, wo Krebs entsteht, zeigt deutlich, welche Faktoren die Hauptrolle im Entstehungsprozess gespielt haben.

Oft gibt die Sprache Hinweise darauf. Etwas nicht verdauen können (in emotionaler Hinsicht), könnte zu Magen- und Darmkrebs führen.

Frage 53: **Die Zahl der Geburten in Deutschland nimmt kontinuierlich ab. Was sagst du dazu?**

Das beunruhigt mich gar nicht, denn die Zahl wird sich wieder einpendeln, wenn die Menschen die Angst vor der Zukunft verlieren. Der hohe Lebensstandard in eurer Gesellschaft zwingt die jungen Eltern, beruflich tätig zu sein, und gleichgültig wie viele Kitas zur Verfügung stehen, die ungeheuer große Belastung der Mütter und Väter will nicht von allen angenommen werden.
Die Diskussion in eurer Gesellschaft, was das Elterngeld angeht, geht in die absolut falsche Richtung. Natürlich ist es für jedes Kleinkind bis 3 Jahren optimal, einen sicheren Platz an der Seite der Mutter in ihrem Zuhause zu haben. Alles andere ist lebensfremd, eine intellektuelle Ausgeburt. Diese drei wichtigen Jahre zu Beginn des Lebens, in denen der kleine heranwachsende Mensch extrem formbar ist, sollte in einer emotional geschützten Atmosphäre vor sich gehen.
Wenn Mütter ihre sensiblen Kinder vorzeitig aus ihrer Obhut entlassen, kann es zu seelischen Störungen kommen, die sich über das ganze weitere Leben erstrecken. Man beklage nicht die Zunahme von kriminellen Delikten im Jugendalter, wenn sie von Schlüsselkindern begangen werden. Das ist die notwendige Folge einer solchen Erziehungspraxis. Deshalb noch einmal mein Rat, mein ernster Rat: Gebt den Müttern die Möglichkeit, ihre Kleinkinder in aller Ruhe und ungehetzt durch irgendwelche beruflichen Aktivitäten zu erziehen. Das verändert die Gesellschaft in höchst positiver Weise.

Im Übrigen ist die Weltbevölkerung schon heute sehr groß – 6 Milliarden sind wohl schon überschritten –, und die Zunahme in den Schwellenländern ist nach wie vor sehr groß. Dann bedeutet es wenig, wenn in dem kleinen Land Deutschland die Kinderzahl eine gewisse Zeitlang abnimmt.

Frage 54: Ist die Beschäftigung mit Astrologie aus eurer Sicht ein Gewinn?

Sollte ich dich vielleicht fragen, ob Spaziergänge gut für die Gesundheit sind?
Ist das nicht eine rein theoretische Frage, eine Fangfrage? Weißt du nicht sehr gut, wie nützlich die ernsthafte Auseinandersetzung mit diesem komplexen Thema ist? Eine rhetorische Frage, die ihre Antwort schon in sich trägt.
Natürlich sind alle Techniken, die zu einem besseren Verständnis des Menschen führen, zu mehr Selbsterkenntnis, zu begrüßen.
Selbst der gesunde Menschenverstand müsste den Skeptikern sagen, dass sich eine Sache nicht über Jahrtausende hinweg wachsender Beliebtheit und eines echten Interesses erfreuen kann, wenn nicht eine ganz tiefe Weisheit darin aufzufinden ist.
Seit den Uranfängen der Menschheit sieht sich der Mensch unter dem Himmel den Konstellationen der Lichter und Planeten unterworfen. Tausende haben sich der minutiösen Beobachtung des Laufs der Sterne hingegeben, Tabellen zusammengestellt, die eine verlässliche Basis für ein Horoskop bilden.
Grundsätzlich ist der alte Satz des Hermes Trismegistos die Grundlage: Wie oben, so unten.
Dies wäre sehr viel einfacher zu verstehen, wenn jeder wüsste, dass die Globen am Himmel physische Körper geistiger Wesenheiten sind, die alle zum Körper Gottes gehören. Sie haben jeder für sich

bestimmte Funktionen übernommen. So überwacht Saturn z.B. das Karma des einzelnen Menschen. In zyklischer Abfolge stellt er sich ein und streckt die Hand aus. Dann muss eben bezahlt werden – nicht mit klingender Münze, aber doch mit viel Einsatz, gelegentlich mit Krankheit oder anderen Verlusten.

Inzwischen hat die Beschäftigung mit diesem Fach schon zu einem durchaus erstaunlichen Überblick geführt. Ein exakt berechnetes Geburtsbild kann einem Menschen viele andere Therapiestunden ersparen. Es hilft ihm natürlich auch im Umgang mit Menschen den richtigen Ton zu treffen und ihm gelegentlich – auf Wunsch – gute oder mindere Trends anzugeben.

Allerdings muss genau unterschieden werden, ob die Auskünfte der Trivial-Astrologie angehören oder ob eine exakte Berechnung vorliegt, die alle Geburtsdaten, einschließlich Zeit und Ort enthält. Nur dann ist ein individuelles Horoskop zu erstellen.

Alles andere sind Zugeständnisse an die Neugierde der Menschen, die verständlich ist, die hier aber nur ausgenutzt wird. Am Ende fühlt sich der Fragende betrogen, ist aber nur einem geschäftstüchtigen Astrologen auf den Leim gegangen.

Hier müssen verlässliche Geschäftspraktiken und Grundsätze geschaffen werden, damit ein Betrug ausgeschlossen ist.

Es ist kein Spielzeug, es ist ein durchaus gut zu handhabendes Instrument, wenn es um Trends im Leben geht, um Charaktereigenschaften, um Partnerbeziehungen. Es ist, als ob man Gottes Spielkarten in der Hand hält, mithilfe derer sich seine Geschöpfe besser entschlüsseln lassen.

Sie helfen auch, dem eigenen Leben eine mathematische Grundlage zu geben, eine Art Generalstabskarte, auf der die einzelnen Feldzüge klar zu erkennen sind. Verzeih diese militärische Ausdrucksweise. Man könnte es vielleicht besser eine „Landkarte des Lebens" nennen.

Es wird eine Zeit kommen, in der es einfach dazu gehört, dass man über seine astrologischen Signaturen Bescheid weiß und sie wenigstens ansatzweise versteht. Das wird durchaus bald so sein.

Frage 55: Ist es vielleicht vernünftig, eine Verletzung mit einer guten Tat zu belohnen?

Eine recht schwierige Frage, da ich sie nicht allgemein beantworten kann.
Gehen wir davon aus, dass du sie für dich beantwortet haben willst. Wir stellen uns also auf deine spezifische Situation ein – und bejahen sie. Das ist ein kühner Schritt, der dich vor weiteren Folgen bewahrt. Dennoch würde ich dir empfehlen, folgende Reihenfolge der Bewältigung eines Konflikts einzuhalten.
Zunächst ist es ganz legitim, sehr emotional zu reagieren und eine Erklärung von dem Verursacher zu erhalten.
Die zweite Stufe wäre, sich körperlich oder durch eine seelische Reinigung – z.B. dem Singen von OM – von dem Schmerz oder der Bitterkeit zu befreien.
Die dritte Stufe wäre, dem Verursacher Gottes Segen zu wünschen. Eine Folge davon wäre, dass die „Sendung" von dir nicht angenommen wird und an den Absender zurückgeht.
Und schließlich wäre es ein Über-sich-Hinauswachsen, wenn man dem Verursacher bewusst etwas Gutes tut, ihm ein Geschenk macht oder spezielle Hilfe anbietet oder einfach außergewöhnlich nett ist.
Dazu gehört aber die Fähigkeit, sich sehr eng an Gott anzuschließen. Jeder mag nun für sich aussuchen, was ihm am ehesten entspricht. Alle Verhaltensweisen sind in Ordnung. Was sich gar nicht empfiehlt, ist, einen Streit darüber anzufangen, wer nun Schuld an diesem Zerwürfnis oder dieser Verletzung habe und einer weiteren Anhäufung von bösen Worten oder Taten. Damit begibt man sich

auf dieselbe emotionale Ebene wie die des Verursachers und facht das Feuer nur an. Schweigen ist besser – und dann zu Hause die stille Auseinandersetzung mit diesem Thema.

Die Frage in ihrer ersten Fassung erinnert natürlich an das christliche Gebot, einem Feind die rechte Backe zu reichen, wenn man eine Ohrfeige auf die linke bekommen hat. In der Tat, ein hohes Ziel, aber die Zwischenstufen sind sehr wichtig, sonst endet das Ganze in einer selbst verschuldeten Selbstverletzung und bereitet den Boden für Krankheiten vor.

Ein Hinweis zum Ende. Wer zu Autoimmunkrankheiten neigt wie z. B. Schuppenflechte, Neurodermitis oder Rheumatischen Beschwerden, möge bitte diese Warnung ernst nehmen. Leistet euch einen kleinen Wutanfall im Fitnesscenter – und dann wenn ihr wieder emotional ausgeglichen seid, wählt eine der angegebenen Stufen.

Frage 56:   Werden wir in Deutschland den Euro behalten?

Ja. Aber er wird weniger wert sein. Wer daher finanzielle Überschüsse hat, sollte vielleicht eine Möglichkeit suchen, sie in Gold oder Silber umzutauschen oder sich eine Immobilie zu kaufen. Deutschland wird aus den Wirren der Wirtschaftskrise um Europa herum und in Europa relativ unversehrt herauskommen. Der Lebensstil wird allerdings eingeschränkt werden müssen. Ihr lebt zur Zeit im Luxus. Und dies ist nicht nötig, wenn man bedenkt, dass eine Milliarde Menschen auf eurem Planeten hungern und daran sterben. Eigentlich solltet ihr ein schlechtes Gewissen haben. Aber das will ich noch gar nicht erwarten. Aber wer zu viel hat, sollte anfangen, es mit Menschen zu teilen, die sich einschränken müssen. Dabei tut er sehr viel für seine eigene Zukunft, obwohl man eine solche Berechnung auch nicht anstellen sollte.

Deswegen ist der Glanz und Prunk der kirchlichen Institutionen ein Schlag ins Gesicht eines jeden ehrlichen Christen. Wenn schon Prunk, dann bitte nicht bei jenen, die Gottes Worte verkünden und seine Liebe und Gerechtigkeit vorleben wollen. Das ist eine Schein-Mentalität, eine Schein-Heiligkeit, die jedem Andersgläubigen sehr schnell in die Augen springt und ihm Fragen offen lässt.

Dass Weinanbau und der Genuss von Wein in Klöstern seit eh und je zum Lebensalltag gehörte, ist auch total unverständlich. Aber ich will das alles gar nicht anprangern, es werden Zeiten kommen, in denen vielen ein Licht aufgehen wird. Also warten wir nur die Entwicklungen ab.

Frage 57:   Was sagst du zu Europa?

Diese Frage lässt sich durchaus schnell und einfach beantworten. Die Idee, dass die einzelnen Staaten Europas, deren Grundlage eine einheitliche Kultur ist, sich zusammenschließen sollten, ist eine naheliegende und eine sehr zu begrüßende Idee.

Dahinter standen aber von allem Anfang an keine geistigen Interessen, sondern ganz klar wirtschaftliche. Das ist von allem Anfang an ein Grundfehler gewesen.

Man hat also zunächst eine Wirtschaftsunion geschaffen und dann eine gleiche Währung eingeführt. DAS aber war der Kardinalfehler.

Eine gleiche Währung hat keinen Sinn, wenn die Mentalität der Menschen sich grundlegend anders darstellt. Denn wenn man sich mit Geld seine Arbeit bezahlten lässt, will man damit auch gut leben können. Das steht fest.

Was aber nicht fest stand von vornherein, war die Tatsache, dass die politischen, klimatischen, psychologischen und kulturellen Voraussetzungen in diesen Ländern sich absolut unterschiedlich darstellten.

So wurde aus dem Euro quasi ein Stahlgürtel, der einige Länder so zusammenschnürt, dass sie nicht mehr atmen können.

Man hat quasi das Pferd von hinten aufgezäumt. Statt erst eine politische Vereinigung anzustreben, hat man eine Währung, den Euro, eingeführt und hat ihn an die Stelle der D Mark in eurem Land von heute auf morgen eingesetzt. Für viele Leute bedeutete dies eine Halbierung ihrer Lebensgrundlagen. Alles verdoppelte sich quasi. Was vorher 3 DM gekostet hatte, kostete nun 2.50 Euro. Man murrte in Deutschland, aber nicht nur hier.. Es wurden eben Schulden gemacht in jenen Ländern, wo die Arbeitsmoral nicht so hoch war wie im nördlichen Europa. Das Ergebnis ist bekannt. Fast kein Land hat sich an die Vorgaben gehalten, da es keinerlei verbindliche politische Gesetze gab, und kein Volk im Grunde befragt worden ist, man überstieg die geduldete Staatsverschuldung um das Doppelte, das Dreifache, man mogelte sich von Jahr zu Jahr durch, die Banken sahen endlose Möglichkeiten, sich zu bereichern, und nun haben wir die kritische Situation, die darin besteht, dass die südlichen Länder niemals mit dem Euro aus der Falle herauskommen können.
Sparmaßnahmen – in Ordnung, aber man kann sich auch zu Tode sparen. Es fehlen Arbeitsplätze in Griechenland, Spanien, Frankreich, Italien, wo sollen sie auch herkommen? Die Reichen zahlen ihre Steuern nur, wenn es nicht anders geht, d.h. sie benutzen alle Wege, um sich in eine verschwiegene Steueroase zu retten. Der Staat duldet das in den meisten Fällen, ahndet es jedenfalls nicht im Sinne einer gerechten, gesellschaftlich vertretbaren Weise. Niemand denkt an den anderen, Selbstsucht und Gier breiten sich überall aus.

Du hast nach Europa gefragt. Europa als Ur-Idee ist eine großartige Vision, Staaten, die sich ihrer kulturellen Wiege, Griechenlands und seiner frühen Demokratien erinnern und ihren Bürgern eine freie und gesetzliche Lebensweise zusichern. Dazu hätte die Abschaffung der Zollgrenzen, die Einführung von wirtschaftlichen Grundgesetzen und eine politisch strenge Unterordnung unter eine europäische Regierung kommen müssen, eine Regierung, die natürlich von den einzelnen Völkern demokratisch hätte gewählt werden müssen – , das wäre eine großartige kulturelle Leistung im neuen Jahrtausend gewesen.

Aber so ist das Ganze zu früh und verkehrt herum eingefädelt worden. In den einzelnen Staaten überwiegen nationale Gefühle, was sich z.B. schon krass bei der Fußballweltmeisterschaft 2012 gezeigt hat. Wer bitte in der spanischen Mannschaft fühlte sich als Europäer, der gegen Europäer gespielt hat? Niemand! Es wäre sogar von dem Volk als Vergehen angeprangert worden.

Und erinnert ihr euch nicht mehr an das persönliche Drama eines polnischen Spielers in der deutschen Nationalmannschaft, der gegen Polen Tore schießen musste? Was für eine persönliche Tragödie! Und ihr wollt mir vielleicht klarmachen, dass ihr r e i f für Europa seid? Das seid ihr mit Sicherheit keineswegs!

Das Experiment ist missglückt, und es wird auch nicht repariert werden können.

Es wird ganz einfach schleichend zugrunde gehen, sich einfach auflösen und zu den alten Währungen zurückkehren.

Dann werden ein paar Länder mit dem Euro übrigbleiben – ein Resteuropa, sozusagen ein Feigenblatt. Da wird der hauptberufliche Europäer, der euch das Ganze eingebrockt hat, allerdings nicht mehr leben. Aber er wird in die Geschichte eingehen als jemand, der einen Traum von Europa gehabt hat und gescheitert ist.

Genügt dir das?

Ich gebe zu, ich bin nicht überrascht. Ich hatte eine ähnliche Antwort erwartet. Ich danke dir für die ungeschminkte Darstellung der Situation.

Frage 58: Eine Zusatzfrage: Wird man einen neuen Anlauf unternehmen, nachdem ein Resteuropa übriggeblieben ist. Sollte man das tun, und wer würde die Rolle des Vorreiters übernehmen? Die Engländer sagen ja „Once bitten, twice shy", lohnt es sich, solche Visionen noch zu pflegen?

Danke für den Hinweis. Ich hätte hinzufügen sollen, dass ein solches Projekt nicht wieder aufgelegt werden wird, zumal sich die politische und wirtschaftliche Situation auf dem Planeten total verändern wird, so dass solche Gedanken gar nicht mehr ernst genommen werden würden.
Nein, ein zweites politisches Europa wird es nicht geben. Dieser Traum ist ausgeträumt.

Frage 59: Kehren wir also eher zum Alltag des Einzelnen zurück. Was wäre ein „Erfolgsmodell" des Lebens? Oder anders ausgedrückt. Ein Mensch wird auf diese Welt geboren und sucht den Rest seines Lebens nach dem Sinn dieses Unternehmens. Er hat sich für diesen Einsatz nicht angemeldet und er weiß auch nicht, was er besonders hoch einschätzen sollte. Was ist das „Erfolgsmodell"? Könntest du es beschreiben?

Es gibt kein „Erfolgsmodell", wenn du es so nennen möchtest. Ich schlage dafür die Begriffe ein „gelungenes" und ein „misslungenes" Leben vor. Ein gelungenes Leben ist eines, dass seine eigenen Ressourcen nutzt, die Bedeutung seines Hierseins erkennt und bejaht und im Rückblick auf dieses (ungewollte) Leben dankbar ist.
Das ist die Formel, die ich anbiete.

Ich kann es auch noch breiter ausführen: Ein Kind wird in eine arme Familie geboren. Die Eltern freuen sich darüber. Es spürt, dass ihm bestimmte Tätigkeiten gefallen. Es baut gerne mit Spielklötzchen oder sucht sich Steine für seine Türme und Gebäude. Es folgt diesen inneren Glückszuständen, indem es ihnen nachspürt. Es geht gern auf die Schule, weil man dort auch bauen kann. Es entdeckt, dass es großer Achtsamkeit und Exaktheit bedarf, wenn ein hoher Turm stehen bleiben soll. Der Junge macht das Abitur, studiert und wird Architekt. Sein Leben ist aufregend, weil er ständig neue Entwürfe von Gebäuden oder Brücken ausarbeiten muss. Wenn das Haus, das er vorher nur als Gerüst im Kopf hatte, plötzlich fertig vor ihm steht, freut er sich darüber.

Er freut sich auch darüber, dass er damit Geld verdient und seine Familie ernähren kann.

Er ist nämlich auch anderen Freuden nachgegangen, hat eine junge Frau gefunden, geheiratet, und auch ihm ist ein Sohn geboren worden. Dieser will von Legobausteinen gar nichts wissen. Er buddelt gern im Sandkasten. Man lässt ihn gewähren. Irgendwann wird er spüren, wo sein Feld liegt.

Am Ende ist dieser Mensch dankbar und glücklich, wenn er sieht, dass sein Turm von Wolken umgeben und von der Sonne beschienen wird. Dass die Menschen hinaufsteigen und einen schönen Blick über die Umgebung haben. Er hat seine Begabung erkannt, ausgebaut und zur Vollendung gebracht. Das ist ein gelungenes Leben.

Frage 60: Du hast etwas vergessen. Die Einflüsse von außen, die sein Leben betreffen, verändern, aushebeln können. Was würde z.B. passieren, wenn er seine Familie durch einen Unfall verlöre. Wenn er nur noch seine Häuser und Türme hätte?

Gut. Das wäre eine sehr schwierige Situation, zweifellos. Sein eigenes Haus wäre verwaist. Er käme nach Hause und wäre allein am Zeichentisch. Er wüsste nicht, wem er sein erarbeitetes Geld vererben könnte. Er könnte zur Flasche greifen, seinen Beruf hinwerfen, vom eigenen Turm herabspringen und seinem Leben ein Ende machen. Natürlich – nichts ist auszuschließen. Da beginnt das, was wir die notwendigen Prüfungen nennen, denn ein Leben ohne Verwerfungen, ohne tiefe Einschnitte, ohne Kummer und Schmerzen gibt es kaum.

Das wäre die Bewährungsprobe. Denn nun müsste nicht der Intellekt, jetzt müssten die Qualitäten der Seele erkannt und gelernt werden, ein zugegeben schwieriges Unterfangen.

Schaut euch um in eurem Bekanntenkreis. Es gibt einige „gelungene" und einige „gescheiterte" Leben, wenn wir schon diese Adjektive behalten wollen.

Am Ende genügt es, wenn jemand versucht hat, das Leben zu bestehen, was nicht heißt zu verstehen.

Ein Leben bestehen heißt, nicht unter der Last der Aufgaben zusammenzubrechen, einen Rückzug anzutreten, sondern auszuhalten.

Ein Leben verstehen heißt darüber hinaus, dass man all diese Prüfungen annimmt, sie als Möglichkeiten seelischen Wachstums erkennt, sich damit auseinandersetzt, Fehler vermeidet und schließlich trotz aller Fehlleistungen, trotz aller Schmerzen das Leben als Bewusstseinsabenteuer bejaht.

Ihr könnt selber herausfinden, wo ihr gerade angekommen seid.

Am Ende möchte ich sagen, dass es a) gar nicht möglich ist, dass ihr euch ausklinkt und sagt, ich bin Spielverderber, ich mache das alles einfach nicht mehr mit.

Ihr werdet b) wieder und wieder mit dieser Aufgabe konfrontiert werden, denn ihr seid auch ein Teil Gottes und sollt eure angemessene Aufgabe erfüllen und euch euren Anteil an tiefem Glück erobern.

Und c) dass es euch eines Tages wie Schuppen von den Augen fallen wird, welch grandioses Abenteuer ihr zu bestehen berufen seid. Dann wird nur noch Dankbarkeit in eurer Seele vorherrschen..

Frage 61:   Wie viele Leben gehören dazu, bis das Leben „gelingen" kann?

Das ist unterschiedlich, denn es hängt vom Einzelnen ab. Von seinen spezifischen Ressourcen, seinem Einsatz, seiner Hingabe, seiner Bereitschaft, einstecken zu können und nicht zuletzt auch von seiner Fähigkeit zu verzeihen, zu verzichten, bescheiden und dankbar zu sein.

Dieses Bündel an Voraussetzungen unterscheidet sich von Mensch zu Mensch, deshalb kann eine verbindliche Zahl gar nicht angegeben werden.

Manchmal ist es auch nicht die Zahl der Leben, die entscheidet, sondern die Intensität des einzelnen Lebens.

Frage 62:   Gibt es Methoden, seine früheren Leben kennen zu lernen?

Ja, es gibt einige. Man kann einen Reinkarnationstherapeuten aufsuchen – davon gibt es bereits einige bekannte und berühmte Psychologen/Psychiater –, der oft durch einfache Assoziationen ein Leben heraufrufen kann, das man so erlebt, wie es damals abgelaufen ist.

Es gibt aber auch die von Stanislav Grof erarbeitete Methode des Holotropen Atmens, eines stark beschleunigten Atmens, das in andere Bewusstseinszustände hineinführt und Bilder heraufbeschwört, die sehr einfach als dem eigenen Erfahrungsschatz angehörig erkannt werden können.

Dann gibt es spontane Erfahrungen in einem Schockzustand, wenn sich die einzelnen Hüllen des Körpers lockern – wie z.B. bei einem schweren Unfall –, die z.B. der bekannte Architekt und Glasmaler Stefan von Jankovich beschreibt.

Auch Nah-Tod-Erfahrene berichten, dass sie Einblicke in frühere wichtige Leben hatten.

Manchmal genügt ein Reizwort, um solche blitzartigen Bilder aufsteigen zu lassen.

Es gibt auch Träume, die frühere Erfahrungen aufzeigen, vor allem wenn sie sich auf die Begegnung mit einem Partner konzentrieren. Oft zeigt der Traum dann an, warum die Begegnung stattgefunden hat.

All diese Leben sind in der Akashachronik gespeichert, dem Bewusstseins-Video, das zu lesen einem weiter entwickelten Menschen auch möglich ist.

Ich hatte z.B. mit meinem Medium den Plan, ihr eine Reihe ihrer früheren Leben zu diktieren. Dies ist zunächst unterbrochen worden, aber es kann durchaus sein., dass wir eines Tages darauf zurückkommen werden. Erst dann lassen sich viele Charakterzüge, viele Verhaltensweisen, die Ursache vieler Traumata verstehen.

Therapien sollen vor allem das Verständnis der eigenen Seele erhöhen. Die umfassendste Therapie ist die Kenntnis und Erfahrung früherer eigener Leben.

Frage 63: Ehrgeiz – Leistung – Wettbewerb – kannst du etwas dazu sagen?

Du nennst drei wichtige Begriffe, die dein Leben geprägt haben und die, so könnte man fast sagen – zu eurer kulturellen Ausstattung gehören.
Ohne Ehrgeiz zu leben heißt einfach, sich kein Ziel zu setzen. Ich denke, Zielbewusstsein ist eine sehr positive Eigenschaft. Wenn man einfach ohne Ziel durch die Landschaft wandert, mag das eine schöne Erfahrung sein, aber irgendwann kehrt man zu einem Ziel, seinem Hotel oder seinem Haus, zurück. Ein Ziel zu haben, formt das Verhalten sehr stark.
Wer ein Ziel hat, kann Vorbereitungen treffen, einen Arbeitsvorgang strukturieren und sich ein Zeitfenster festsetzen, währenddessen dieses Ziel erreicht werden soll.
Der Grad des Ehrgeizes ist bei den Menschen verschieden ausgeprägt. Auch die Ziele sind natürlich verschieden. Dies ist natürlich überhaupt nicht kritisch zu beurteilen oder gar zu verurteilen. Das Tempo des Einsatzes ist wiederum von physischen und psychischen Gegebenheiten abhängig. Es gibt ehrgeizige Menschen und solche, die alles einfach laufen lassen. Beide haben das Recht auf ihrer Seite. Wenn die Ergebnisse dann voneinander abweichen, muss das ebenfalls akzeptiert werden.
Ich halte einen durchaus starken Ehrgeiz vertretbar. Er sollte aber nicht so entarten, dass er alles auf eine Karte setzt und andere Eigenschaften überflüssig macht. Ausgewogenheit ist immer das Beste.

Leistung – eine Leistung zu erbringen ist das Credo aller westlichen Industriestaaten. Leistung ist etwas, was als Ergebnis eines Verhaltens ins Auge springt. Wenn ein Weitsprung z.B. über 6 m hinausgeht, ist das eine beachtliche Leistung. Sportler erbringen ständig

Leistungen. Schüler natürlich auch. Überall, wo Menschen sich messen, wird nach Leistung gefragt. Wer keine Leistung bringt, wird schief angesehen.

Statt Leistung sollte man vielleicht besser von Einsatz reden. Wer bereit ist, sich für eine Aufgabe einzusetzen, so wie es ihm gerade aufgrund seiner Physis oder seiner Lebenssituation möglich ist, hat seinen Beitrag geleistet. Ob das Ergebnis über- oder unterdurchschnittlich ist, sollte natürlich nicht überbewertet werden. Allerdings ist das in einer leistungsorientierten Industriegesellschaft leider nicht möglich.

Ich muss mich also bemühen, hier zu differenzieren. Wenn ein Mensch jung und gesund ist, kann man von ihm einen totalen, d.h. hundertprozentigen Einsatz erwarten, ich würde sogar sagen verlangen, denn jeder hat auch eine Bringschuld gegenüber seinen Mitmenschen, und es wäre moralisch nicht zu verteidigen, wenn er auf der faulen Haut liegen würde.

Anders ist das natürlich bei kranken, alten oder behinderten Menschen, die andere Parameter einbringen und die auch bei hundertprozentigem Einsatz nicht jene Leistung erzielen können. Da sind Toleranzdenken und eine ethische Grundeinstellung notwendig.

Wettbewerb – oder Konkurrenz ist aus dem Vokabular von Wirtschaftsstaaten nicht wegzudenken.

Es liegt auch in der Natur von Lebewesen, sich untereinander zu messen und sich um die höchste Stufe der Anerkennung zu bewerben. Tiere kämpfen darum, das Alphamännchen zu sein. Sie setzen viel Mut ein, sie nehmen harte Schläge in Kauf, um dann später ihre Trophäe ebenfalls in Anspruch nehmen zu können.

Jeder Sportler weiß um die Bedeutung des Wettbewerbs. Stellen wir uns vor, es gäbe kein Toreschießen im Fußball und keine Vereine würden gegeneinander antreten. Damit würde der Sport sehr viel

Anziehungskraft verlieren. Es ist gut, sich zu messen, aber falsch zu triumphieren. Die Bescheidenheit des Siegers gehört auch zu fairem sportlichem Verhalten.

Die Realität ist weit davon entfernt, und wenn die Zahl der erfolgreichen Torschüsse den Preis für diese Beine erhöht, erinnert mich das an frühere Sklavenmärkte. Das ist eine totale Verirrung sportlicher Bemühungen. Aber ihr kennt inzwischen meine Ansicht. Sport ist notwendig, macht Freude, übt Menschen faires Verhalten gegenüber den Mitsportlern ein, aber die Kommerzialisierung hat daraus einen lächerlichen Popanz gemacht. Wenn sich Fußballspieler als die VIPs unserer Zeit fühlen und sich auch so selber ansehen, so ist das ein absolut unsportliches Verhalten, ja, es kommt einer Entgleisung nahe.

Wettbewerb auf der Ebene der Wirtschaft ist das A und O aller Unternehmungen. Wenn der eine ein besseres Auto als der andere herzustellen vermag, ist er natürlich der Gewinner in der Szene. Wettbewerb fördert Eigeninitiative, Kreativität und die besten Verhaltensweisen der Menschen heraus. Andererseits bringt er immer auch Verlierer hervor, das ist dann die Schattenseite des Ganzen. Aber das Streben, etwas zu verbessern, zu optimieren, ist tief in die Seele des Menschen gesenkt, es ist ein göttliches Streben, denn auch Gott sucht nichts als das Optimum. Wir könnten auch sagen, dass wir uns alle in der göttlichen Form bemühen, das Beste aus uns zu machen, die vollkommenste Ausgabe des Menschen hervorzubringen. Wir sollten nie nur Lehrlinge bleiben, sondern in Richtung Meister unterwegs sein. Dann hätten wir Gott verstanden.

Ehrgeiz, Leistung und Wettbewerb sollten nicht geschmäht werden, es sind Antriebskräfte, die uns helfen, über uns selbst hinauszuwachsen – und das ist das generelle Ziel der menschlichen Existenz.

Frage 64: Ich lese gerade noch einmal den ersten Band der Trilogie „Der mehrdimensionale Kosmos" von Armin Risi. Er berichtet von den „vaminis", Fahrzeugen, die die alten Inder mithilfe von Gedankenkraft hervorbrachten, die wohl die Vorstufe der UFOs darstellen. Was sagst du zu UFOs?

Natürlich stimmt die Angabe von Risi. Er ist ein Kenner der *Veden* und hat die Texte ausgiebig studiert. Ihr glaubt, ihr hättet den Höhepunkt der Technik erreicht. Das trifft nicht zu. Es gab früher eine viel höhere Technologie, die Gedankenkraft einsetzte, um bestimmte Dinge zu erreichen. So transportierten die Ägypter -- Nachfahren der Atlanter – die großen Felsmassen per Gedankenkraft auf den Platz auf der Pyramide. Ebenso verfuhren die Inder beim Bau ihrer Tempelanlagen. Das ist heute völlig vergessen oder verschwiegen.

Natürlich gab es damals UFOs, wie es sie zu allen Zeiten gegeben hat. Manche sind für eure Augen sogar sichtbar, andere nicht. Ihr vergesst ständig, dass eure Sinne euch nur einen winzigen Ausschnitt vermitteln können. Die Sichtungen und Fotos solcher Flugkörper sind reale Tatsachen und werden lediglich vor den Massen verschwiegen, damit keine Panik ausbricht. Aber warum sollte Panik ausbrechen? Es würde die Menschen sicher durchaus interessieren, was ja eine Reihe von Filmen bezeugt, die entstanden sind, in denen Aliens, also Bewohner fremder Planeten, eine dominierende Rolle spielen.

UFOs sind gelandet, abgeschossen worden, versteckt worden, und ihre Lenker sind auch schon Menschen begegnet und haben zu ihnen telepathisch gesprochen. Ihre Technologie ist auf einem weitaus höheren Stand als die auf der Erde.

Ich möchte hinzufügen, dass nicht alle guten Willens sind. Es herrscht durchaus eine Art Wettbewerb verfeindeter Wesen im Weltall, denn auch Wesenheiten, die moralisch gesehen noch unterhalb der menschlichen Rasse agieren, haben Zugang zu dieser Technik und beherrschen sie zu bösen Zwecken.

Es gibt verschiedene Flugobjekte, die durchaus auch sehr groß sein können. Zur Zeit sind sogar sehr große Flugobjekte sichtbar. Sie gehören zu dem Vortrupp einer Gruppe intelligenter Wesen, die die Aufgabe haben, eine Art Rettung der Erdbewohner vorzunehmen, sollte dies erforderlich sein.

Noch liegt dies in den Händen – oder besser – im Bewusstsein der irdischen Rasse, aber sollte dem Planeten tatsächlich Schaden zugefügt werden, so werden diese großen Raumschiffe zur Stelle sein und Menschen, die bereit sind, dieses Wagnis einzugehen, aufnehmen. Dies habe ich bereits in einer anderen Schrift (Zeile, *Medialität*, Teil IV) ausgeführt.

Frage 65: **Vielleicht hat diese Frage etwas mit der letzten zu tun. Mich faszinieren die exquisiten Kornkreise, die überall auf der Welt seit Jahrzehnten auftreten. Kannst du uns etwas dazu sagen?**

Sie sind in der Tat – abgesehen von einigen primitiven Fälschungen – auch Resultat einer technischen Übermittlung von Energie auf ein Feld, dessen Material leicht verformt werden kann. Wir haben geometrische Muster einmal wegen ihrer Schönheit, ihrer Exaktheit und ihrer Aussagefähigkeit gewählt. Das Verfahren ist höchst kompliziert und wird von entsprechenden ausgebildeten Technikern einer höher stehenden Gruppe von Wesen durchgeführt. Dies sollte die Menschen darauf hinweisen, dass das Universum bewohnt ist, dass nicht die Menschen allein in diesem riesigen Raum existieren und dass wir gern mit euch in eine Kommunikation eintreten möchten.

Dies ist – wie immer – nur teilweise gelungen, und diejenigen, die die Wahrheit verkünden, geraten ins Kreuzfeuer der Kritik und der Medien. Aber die Zeit ist nicht mehr weit, da alle diese Erscheinungen von höherer Warte aufgeklärt werden.

Frage 66: Noch einmal eine Frage zu deiner Identität. Ist es richtig anzunehmen, dass du oder ihr zu jener Gruppe von Wesen gehört., die in einer sehr viel höheren Dimension leben und agieren als wir Erdbewohner? Ist es vermessen, von Gott als dem Gesprächspartner zu reden?

Es ist nicht vermessen, es ist ein wenig provokant, aber das hast du wohl so gewollt. Der Titel stammt von dir, halten wir das fest.

Andererseits sind wir durchaus der Auffassung, dass wir die Aufgabe haben, die Blindheit deiner Zeitgenossen ein wenig aufzuklären und dies in einfachen, gut verständlichen Worten. Wir sind eine große Gruppe von Wesenheiten, deren Aufgabe die Belehrung jüngerer Seelen ist, d.h. wir haben dieses Leben hinter uns, haben das Rad der Wiedergeburt verlassen und existieren auf jenen Ebenen, die dem Schöpfer wesentlich näher sind als deine. Deine Skepsis ist in Ordnung, wir achten sie. Wir verstehen, dass ab und zu Zweifel aufkommen. Wir wollen nur aufklären. Wir wollen dazu beitragen, dass die Menschen in dieser letzten Phase verstärkt eine Möglichkeit erhalten, sich ein besseres Bild von ihrer Welt und ihren Aufgaben darin zu machen. Wir sind weise und überlegene Ratgeber. Wir würden nie verlangen oder drohen. Wir bieten nur an, wir sind eure Diener, die sich über eure Hilfsbedürftigkeit nicht lustig machen, die sich nicht abwenden und lästern, sondern die von Mitgefühl erfüllt sind angesichts eurer zugegeben manchmal schrecklichen Erfahrungen. Wir haben das überstanden, wir sind aufgestiegen, wir sind tief in die Weisheit eingetaucht, die unsere Umgebung und unsere Lehrer uns bieten. Wir sind von der Liebe Gottes durch und durch beseelt. Seine Botschaft ist unsere Botschaft, deshalb ist der Titel des Buches nicht falsch. Er ist im Kern richtig.

Frage 67: Ich bedanke mich sehr und nehme zur Kenntnis, dass ich weiter Fragen stellen darf, die noch mein Leben, und wie ich annehme, auch anderer Leben begleiten. Da ich sehr spontan an diese Arbeit herangehe und keine vorgefassten Fragen stelle, dokumentiert dieses Gespräch zwischen ungleichen Partnern natürlich meine Bewusstseinsebene und den individuellen Strom meiner Gedanken. Ich hoffe, dass dies keinen Leser verwirrt, und ich bin sicher, dass ihr das versteht, denn ihr habt euch immer sehr bereitwillig auf diese Gespräche eingelassen. Meine nächste Frage an diesem Sonntagnachmittag ist also: Was sollte die internationale Gemeinschaft angesichts der furchtbaren Situation in Syrien tun?

Sie tut bereits etwas, aber es ist zu wenig. Sanktionen sind ein erster richtiger Schritt, aber sie treffen meist nur die Armen im Lande. Medikamente sind bereits knapp geworden, auch Wasser und Grundnahrungsmittel.
Diplomatische Instrumente, Ausweisung der Vertreter Syriens sind bereits eingesetzt worden, allerdings stellen sich Russland und China immer noch auf die Seite des blutrünstigen Diktators.

Wichtig ist, dass aus dem Militär Syriens immer mehr hohe Generäle verschwinden, dass sie sich auf die Seite der Aufständischen stellen, und da eine militärische Einmischung vonseiten der internationalen Gemeinschaft zu hohe Risiken einschließt, muss auf dieses Druckmittel verzichtet werden. Und zwar konsequent! Was hat der Irakkrieg gebracht außer Tausenden von unschuldigen Opfern!

Der Prozess des Mündigwerdens eines Volkes ist seine eigene Sache. Es wird zum Bürgerkrieg kommen, Sadat wird fliehen, und dann wird nach einer quälenden Übergangszeit eine Demokratie zustande kommen, die dem Einzelnen jene Rechte gewährt, die die westliche Staatengemeinschaft schon seit einiger Zeit bietet.

Dieser Prozess ist mit den Mitteln der Diplomatie und unter hohem Einsatz der Medien zu begleiten. Jede Regierung sollte sich öffentlich von dem Massaker in Syrien abwenden und für die Beendigung des militärischen Konflikts plädieren. Wie viel Blut muss noch vergossen werden, damit einzelne absolutistische Herrscher in Luxus leben können, während ihr Volk darbt. Dieser Ausbeutung der unteren Schichten eines Volkes muss ein Ende gesetzt werden.

Frage 68: **Ich habe gestern eine Ballettaufführung im Fernsehen gesehen und war absolut begeistert. Was sagst du zu dieser hohen Kunst?**

Körper und Kunstausdruck – um zu sehen, dass der Körper gar nicht der Sprache bedarf, um etwas auszudrücken, sollte man tanzen. Selber tanzen ist der schönste Ausdruck des eigenen Körpers. Natürlich kommt es darauf an, welche Tanzssparte einem liegt, aber generell kann man sagen, dass Tanz und Musik alle Zellen im menschlichen Körper anregen.

Es könnte als hohe Sportart angesehen werden, gibt es doch tatsächlich einige Sportarten, die der Kunst sehr nahestehen wie z.B. Eiskunstlauf und Eistanz oder eben auch der Tanzsport. Bodengymnastik könnte ebenfalls hier genannt werden. Da wo Musik und Bewegung ineinander übergehen, wo das eine das andere interpretiert, dort entsteht Kunst.

Tanzen ist Ausdrucksbewegung des Körpers. Als die Menschen noch keine andere Möglichkeit hatten, sich auszudrücken – ich meine hier die Zeit vor der Entstehung einer Sprache –, war die Mimik, die Gestik und die Bewegung des Körpers die einzige Weise, sich anderen mitzuteilen. Die Gebärdensprache zeigt dies noch ganz deutlich. So hat das Tanzen eine sehr lange Geschichte, und was zunächst ein Hilfsmittel zur Überbrückung von Defiziten war, entwickelte sich im Laufe der Zeit zu einer Kunst.
Immer gab es Tänze als göttliche Anbetung. Der Tempeltanz in Indien, der klassische indische Tanz, ist ein hervorragendes Beispiel dafür. Der Tanz als Teil griechischer Tragödien spielte eine ganz besondere Rolle. Natürlich spielte der Tanz zur Zeit der höfischen Kultur auch eine Rolle bei der Begegnung der Geschlechter. Man näherte sich dem anderen in Tanzschritten, die genau abgemessen waren, so dass der Raum des anderen nicht verletzt wurde. Ich denke an die Tänze des Mittelalters und der Renaissance. Sie sind ein beredtes Beispiel dafür, wie sehr sich die Art und Weise des Kontakts zu andersgeschlechtlichen Menschen verändert hat.
Heute ist es z.B. durchaus gang und gäbe, in der Disco allein zu tanzen, abtanzen nennt sich diese Form des Ausdrucks, und in der Tat lenkt man bestimmte Gefühle auf diese Weise „ab".

Das Klassische Ballett, eine hohe Kunstform, das vor allem in Russland eine zentrale Rolle spielt, ist eine extreme Herausforderung an die körperlichen Qualitäten des Tänzers. Sehr viele, die den Traum haben, Ballerina zu werden, geben auf, weil sie den Anforderungen des Spitzentanzes nicht gewachsen sind. Es gehört in der Tat ein gewisser Masochismus dazu, sich dieser Kunstsparte mit Leib und Seele zu verschreiben, beinahe hätte ich gesagt, sich ihr auszuliefern, denn wer einmal bis zur Spitze gelangt ist, hat quasi die Schwerkraft der Erde überwunden. Solche Tänzer können dann die Menschen zu Tränen rühren. In der Bewegung eines Fingers ist ein ganzes Lied voller Tränen enthalten. Die Grazie der Körper, die Anmut der Bewegungen, die Ausdrucksfähigkeit jeder Zelle übertrifft die kühnsten Erwartungen. Ich verstehe, dass du geweint hast. Solche Empfindungen überfallen Menschen nur, wenn sie tief berührt sind von der Authentizität der Bewegung. Eine wunderbare Kunst und ein Geschenk der Götter an die Menschheit!

Frage 69:   Ein Instrument spielen – welche Bedeutung hat das?

Finger und Mund sind sehr sensible und flexible Glieder des menschlichen Organismus. Es ist kein Wunder, dass das Greifen mit den Händen dem Begreifen vorausgeht. Hände und Gehirn stehen in einem engen Zusammenhang. Wer also seine Finger unabhängig voneinander bewegt – das ist beim Spielen eines Instruments immer der Fall –, fördert seinen Intellekt, präpariert sozusagen seine Gehirnwindungen und flexibilisiert sein Denken.
Das ist aber nur die eine Seite.

Die andere ist der Klang. Wenn ein Mensch Klängen ausgesetzt ist und besonders solchen, die er als harmonisch erkennt, wirken sie auf die Blaupause des physischen Körpers ein, die Ätherhülle oder den Lebenskörper. Diese Stärkung führt dann dazu, dass auch der physische Organismus gekräftigt wird, dass die Züge des spielenden

Menschen sich verfeinern und dass insgesamt eine Stabilisierung der Persönlichkeit stattfindet.

Sehr früh haben die Menschen die Wirkung solcher Tätigkeit erkannt und gefördert. Nicht zuletzt deshalb ist Musik als Fach an den Schulen eingeführt worden, und gerade die Waldorfschule, die eine ganzheitliche Ausbildung anstrebt, bietet der musischen Erziehung sehr viel Raum.

Ob es nun eine Mundharmonika oder eine Blockflöte oder gar eine Trompete ist, wer sich darauf einlässt, tut sich und seiner Umgebung einen großen Gefallen. Eigentlich wollte ich „Nutzen" sagen, denn es ist nicht nur eine nette Unterhaltung, wenn ich selber Musik mache, sondern es ist eine Veredelung des Charakters, eine Flexibilisierung aller Eigenschaften, eine Hinwendung zu höheren Dimensionen. Musik ist die höchste der Künste, das möchte ich als Schlusswort wenigstens erwähnen.

Frage 70: Dann sage mir etwas über die Magie der Musik.

Das hast du schön formuliert, oder habe ich dir das eingegeben? Wenn wir uns das anschauen, was die Menschen als „Kunst" bezeichnen, so müssen wir davon ausgehen, dass die Musik jene Tätigkeit ist, die nichts Materielles braucht, um zu existieren. Sie besteht nur aus Frequenzen, aus Schwingungen und deshalb kann man sie als die immateriellste Kunstart bezeichnen. Wenn du dir andere Kunstarten ansiehst, so stellst du fest, dass die Architektur mit Steinen und Glas arbeitet, dass der Bildhauer ebenfalls feste Materialien braucht, um seine Skulpturen herzustellen, dass der Maler auf Leinwand und Farbtöpfe angewiesen ist, dass der Schriftsteller sich der Sprache bedient, die allerdings schon ein geistiges Element darstellt und dass schließlich die Musik auf alles verzichtet außer auf Klang und Rhythmus. Zwar ist sie auch noch auf Instrumente, materielle Instrumente angewiesen, aber das Ergebnis ist reine Schwingung.

Man mag sich nun darüber lange streiten, welche Art von Musik „höher" steht als eine andere. Sicher lassen sich Unterscheidungen machen, das ist alles in Ordnung. Jeder darf sich die Musik aussuchen, die seinen individuellen Bedürfnissen entspricht. Wir wollen mitschwingen. Wir wollen das ausgedrückt spüren, was wir im tiefsten Inneren fühlen. Gospels drücken etwas aus, was die leidende Seele der farbigen Menschen empfunden hat. Sie sind so authentisch, dass sie andere ebenso bewegen können. Mozart ist ein ewiger Engel am Himmel der Musik. Bach ist der Baum der Erkenntnis.

Wer Musik hört, verrät seine Stellung als Mensch in der Gemeinschaft. Mehr möchte ich dazu nicht sagen.

Musik hat also einen gesundheitsfördernden Aspekt und einen spirituellen. Eure Sprichwörter haben das auch schon seit Urzeiten gewusst. Heißt das eine nicht: Böse Menschen haben keine Lieder? Wer jeden Tag nur ein paar Minuten OM chantet, singt, egal auf welcher Höhe, egal zu welcher Zeit, verändert sein Leben maßgeblich. OM ist der Urklang, der Klang, aus dem das Universum entstand, so sagen es die alten Inder. Das heilige Wort, das sich aus drei Vokalen A, O und U zusammensetzt, ordnet die ätherische Umgebung und senkt nach einer Weile einen tiefen Frieden in die Seele. Wer das ausprobieren möchte, dem gratuliere ich zu dieser Entscheidung.

Frage 71: Es ist schwierig, mit jemandem zu kommunizieren, den man nicht sieht. Wie sollen wir uns dich vorstellen?

Hast du diese Frage nicht schon einmal gestellt? Sie zeigt mir wieder, dass du das Ganze unterschätzt. Ich gehöre zu einer Gruppe von Wesen, die sich zu jenen gesellen, die „ins Haus des Vaters" zurückgekehrt sind. Wir sind ein Energiekontinuum, dem ich – für dich – den Namen Quelle gegeben habe, damit du dir eine vage Vorstellung machen kannst. Die Quelle ist immer ein Ursprung. Gott ist immer der Ursprung. Die Identität ist zwingend.
Du willst optische Hilfsmittel. Wir sind wehende Schleier, durchsichtig, ätherisch, manchmal glänzend, sehr transparent. Wer mag, kann darin Gewänder sehen, denn wir haben auch ein Gesicht, Hellsichtige in früheren Zeiten haben uns so gemalt, mit wehenden Gewändern und schwingenden Bewegungen. Stelle dir einen großen hellen Engel vor, ernst und trotzdem voller Liebe. Das sind wir, die Quelle, die mit Gott EINS ist.

Frage 72: Ich bitte um Verzeihung. Vielleicht möchte ich es auch den Lesern erleichtern zu verstehen, was hier am PC eigentlich vor sich geht. Ich sitze da und tippe, was du mir eingibst. Du sprichst sehr klar und sehr schnell, so dass ich mit meinem Zweifingersystem schlecht mitkomme. Kein Gedanke stammt von mir, kein Wort ist von mir gewählt. Ich bin nur Empfänger einer Botschaft. Das ist ein altes Modell der Verständigung über Grenzen hinweg. Telepathie wird diese Art der Vermittlung genannt, d.h. das Aufprägen von Gedanken auf ein fremdes Gehirn. Das Gehirn funktioniert nur als Instrument. Bedient oder gespielt wird es von einem anderen. Soviel zur Erklärung dieses Vorgangs. Ich bitte dich, mir den Zusammenhang zwischen Spiritualität und dem Erreichen eines hohen Alters zu sagen.

Einer eurer großen Meister des letzten Jahrhunderts, Rudolf Steiner, dessen Weltsicht auf eine erleuchtete Seele hingewiesen hat, hat bereits davon gesprochen, dass Menschen, die auf der spirituellen Suche sind und dadurch häufig in die Nähe göttlicher Schwingungen geraten, z.B. beim Gebet, dass diese Menschen oft sehr viel älter werden, weil ihre Adern keine Kalkablagerungen aufweisen. Sie werden also nicht brüchig, sondern bleiben elastisch. Elastizität, die sich im geistigen Bereich zeigt, drückt sich immer auch auf der physischen Hülle aus.
Steiner meinte, dass rationale Wissenschaftler besonders häufig durch Schlaganfälle zu Tode kämen, weil ihre Blutbahnen verkalkt seien.
Dem ist nichts hinzuzufügen. Auffällig – oder gar als Beweis – wäre allerdings die Tatsache zu nennen, dass besonders Pfarrer und Priester ein sehr hohes Lebensalter erreichen.

Frage 73: Kann man das eigene Schicksal in der Hand lesen?

Du fragst, weil du damit schon viele Erfahrungen gemacht hast, nicht wahr? In der Tat, die Personen, die du befragt hast, darunter dieser alte ehrwürdige indische Professor auf Goa waren Experten, denen zu misstrauen niemandem mehr möglich gewesen wäre.
Nicht nur die Hände, der ganze Mensch trägt seinen Charakter und damit auch sein Schicksal in seinem Körper, seinen Händen aufgezeichnet. Dort lässt sich nachlesen, ob jemand ein langes oder kurzes

Leben haben wird, ob und wie oft er geheiratet oder geliebt hat, ob er weite Reisen machen wird oder nur ins Elsass fahren wird. Die Chiromantie ist eine ernst zu nehmende Wissenschaft, die zu studieren Pflicht für alle angehenden Psychologen und Therapeuten sein sollte. Aber diese alte Weisheit ist seit der Aufklärung im Westen entsorgt worden. Hierher gehören auch die Graphologie, die Physiognomik, die Astrologie, die Zahlensymbolik. Die sokratische Aufforderung, sich selbst zu erkennen, könnte mit diesen Hilfsmitteln gelingen. Aber wer setzt sie ein? Ein paar mutige, die gegen den Strom schwimmen, ohne unterzugehen, die Ablehnung und Spott auf sich nehmen um der Sache willen.

Wer sich einmal intensiv mit diesen fünf Wissenschaften beschäftigt hat, der wird sie nicht mehr vernachlässigen können, das wäre dann eine Art Verrat an der Wahrheit.

Ich bitte also alle, die sich damit beschäftigen, durchaus zu ihrem Tun zu stehen und sich als Avantgarde der Menschheit im 21. Jahrhundert anzusehen. Zu späterer Zeit werden diese Gegenstände großes Ansehen genießen.

Frage 74: Der Trend, als Single zu leben. Was sagst du dazu?

Diese Frage bewegt dich also. Du lebst auch als Single. Du kennst aber auch die Gemeinschaft, die Ehe. Es gibt ja noch weitere Möglichkeiten, das Zusammenleben zweier unverheirateter Partner, sog. Lebensgefährten. Oft dauert die Zeit des Lebensgefährten auch nur 4 Jahre. Das sind wohl die gängigen Formen gesellschaftlicher Gruppierungen.

Jeder Fünfte in eurer Gesellschaft lebt als Single. Er arbeitet, führt seinen kleinen Haushalt, macht Einladungen und besucht andere. Ist er einsam? Fühlt er sich allein? Vermisst er mehr als ein Verheirateter?

Ich denke, es wäre falsch, hier irgendwelche Präferenzen anzugeben. Die Situation entwickelt sich eben als Folge einer total veränderten sexuellen Situation. Mit der Emanzipation, der Pille, die Mitte des letzten Jahrhunderts entdeckt worden ist, ist eine Befreiung auf dem Heiratsmarkt zu verzeichnen. Alles ist quasi erlaubt. Nach der ersten Phase der Freude, die damit einherging, ist man sich auch des Risikos bewusst geworden, das natürlich die Kinder tragen. Ob sie aus kurzen gescheiterten Ehen stammen oder aber mit einer unverheirateten Mutter oder einem Vater aufgewachsen sind, ob sie zwischen zwei freien Partnern gelebt haben, all dies formt ihr eigenes Leben, ihre späteren eigenen Beziehungsmöglichkeiten. Strukturen haben sich in der Seele des Kindes ausgebildet.

Ich will keine urteilende Rolle übernehmen, das ist nicht der Sinn einer Antwort auf diese Frage. Es ist eben eine Tatsache geworden, die sich als Folge veränderter Moralvorstellungen ergeben hat. Nun muss mit dieser Situation so gut wie möglich umgegangen werden. Die Seelen, die sich inkarnieren, suchen sich ihre Eltern aus und wissen, was sie erwartet. Insofern werden sie sich an die jeweilige Lage anpassen müssen.

Dass viele Beziehungen zu tadeln seien, ist eine falsche Sicht. Oft ist es gerade die Begegnung mit vielen Partnern, die das Karma, das sich aus früheren Leben zwischen diesen beiden Menschen angesammelt hat, schneller abtragen lässt. Es scheint, als ob sich Prozesse in dieser Zeit beschleunigen, also auch der Wunsch, beschleunigt seine Fehler aufzulösen.

Wer imstande ist, in einer tiefen lebenslangen Beziehung/Ehe sein Glück zu finden, hat diese Tatsache entweder ignoriert oder bereits längst abgearbeitet. Es ist schön, ein altes Paar zu erleben, das sich immer noch zärtlich liebt. Ein Bild, das alle Menschen berührt und ihnen etwas von der Seligkeit höherer Welten vermitteln kann.

Frage 75: Darf ich vielleicht einmal einen Gast einladen, an diesem Gespräch teilzunehmen? Ja, gerne. Ich würde gern einmal versuchen, mit Maitreya Kontakt aufzunehmen.

Ich bedanke mich für diese Einladung. Was darf ich zu diesem abwechslungsreichen Dialog beitragen? Bitte stell deine Frage.

Frage 76: Ich würde gern von dir erfahren, ob und wann du im Fernsehen Deutschlands deine Botschaft der Liebe verbreitest. Darf ich das fragen?

Natürlich. Wir denken gemeinsam, wir antworten gemeinsam. Alles ist zugelassen. Ich gebe dir gern Auskunft. Ich habe gerade begonnen, ein paar Mal in den USA solche Treffen anzuberaumen. Viele hören meine Botschaft und stimmen ihr zu. Zwar würden sie sich nicht einfallen lassen, darin eine Botschaft Gottes zu erkennen, aber sie sehen ein, dass es nicht mehr geht, seine Gaben für sich selber zu behalten. Teilen ist die Botschaft der nächsten Zeit.
Es ist menschlich, Dinge zu erwerben und zwar für den eigenen persönlichen Gebrauch. So seid ihr erzogen worden, So haben es eure Urängste euch eingegeben. Man müsse an sich und sein Wohlergehen denken. Man hortet, man sammelt, man versucht, es an einen geheimen Ort zu bringen, damit das Vermögen erhalten bleibt. Das ist menschlich. Ich tadle das nicht.
Aber es werden Zeiten kommen, wo diese Haltung einfach überholt sein wird, unangemessen sein wird angesichts einer Armut, die sich auf der Erde ausbreiten wird, bedingt durch Naturkatastrophen und wirtschaftliche Krisen. Versucht, euch einfach vorzustellen, dass ihr nur die Hälfte von allem zur Verfügung habt. Dann werdet ihr aufeinander angewiesen sein. Diese brüderliche Liebe muss in euch

aufkeimen, sonst werden die menschlichen Verluste ungeheuer groß sein.
Diese Einstellung wird die neue Mentalität des 21. Jahrhunderts sein müssen.
Meine Rolle ist, die Menschheit darauf vorzubereiten, sie sozusagen auf diese neue Notlage hinzuweisen, sie einzuüben. Eine neue liebevolle Verbundenheit soll an die Stelle eines krassen Egoismus treten. Einige werden das nicht schaffen, sie werden darüber spotten. Aber glaubt mir, sie werden sich dieses Spotts nicht lange erfreuen. Ich denke, die meisten werden ihr Herz wieder entdecken und im anderen den Bruder sehen. Das ist meine Bitte an euch alle.
Du fragst, wann und ob ich in Deutschland auftrete. Das wird noch eine Weile dauern, vielleicht erst in zwei Jahren. Euer Land gehört noch zu den stabilsten Staaten in Europa. Ich werde zuerst die besuchen, die meinen Rat am dringendsten brauchen.
Aber ihr werdet von meinen Besuchen und Auftritten erfahren, und im Internet kursieren längst meine Reden und Vorträge. Wir sind eine Weltgemeinschaft, ein Erdenvolk, eine Planetenfamilie – wir sind Brüder und Schwestern vor Gott.

Frage 77: **Ich wurde zu dieser Einladung durch eine Rede angeregt, die eine junge Frau auf Facebook veröffentlicht hat. Telepathische Kontakte werden die Sprache der Zukunft sein, es ist sehr schön, daran teilhaben zu können. Danke an alle Beteiligten. Was kann jemand tun, der dauernd an undefinierbaren Schmerzen leidet?**

Es gibt einige Maßnahmen. Zunächst muss das natürlich medizinisch abgeklärt werden. Das ist unerlässlich. Wenn der Arzt keine

Möglichkeit sieht, die Schmerzen zu lindern, können noch ein paar feinstoffliche Methoden eingesetzt werden.
An erster Stelle nenne ich das Gebet des Patienten selber.
An zweiter Stelle steht das Gebet anderer Menschen oder eines anderen Menschen.
Dann können Heiler versuchen, Energie zu übertragen. Und viertens sollte sich der Patient mit einem Menschen zusammen tun, dem er sehr viel Vertrauen entgegenbringt, und es sollte gemeinsam danach geforscht werden, wen der Patient in der Vergangenheit vielleicht verletzt haben könnte. Diese Wunde auf beiden Seiten sollte durch viel Aussprache und Vergebung auf beiden Seiten geschlossen werden.

Frage 78: Was ist Epilepsie?

Es handelt sich hier um eines jener erstaunlichen Phänomene, die bei sehr kreativen Menschen oft auftreten können, weil ihre Körperhüllen nicht dicht genug miteinander verbunden sind.
Ihr werdet wissen, dass der Mensch im Schlaf sich ebenfalls von seinen höheren, feinstofflichen Hüllen trennt und in deren Dimensionen einkehrt. Das mag sogar so weit gehen, dass der Epileptiker in die göttliche Seinsebene eintaucht und dort regelrechte Wonnen erlebt. Für den Teilnehmer oder den Beobachter dieses Phänomens wirkt das Ganze allerdings sehr bedrohlich, weil die Krämpfe dazu dienen, die weit entfernte Seele wieder in die materielle Hülle zurückzuziehen.
Im Normalfall, bei gesunden, robusten, vitalen Menschen ist es nie der Fall, dass die Seele/das Bewusstsein sich so weit von der physischen Hülle entfernt, da die Silberschnur viel straffer ist.
Bei sensiblen Menschen, die sich bereits auf ihrer evolutionären Bahn weiter vorgerückt sehen, kann es eben zu solchen Erscheinun-

gen kommen. Oft ist am Schluss des Anfalls eine Art Überlebenskampf notwendig, der dann den Patienten aber auch mitnimmt.

Dennoch, in Russland nannte man Epilepsie „eine heilige Krankheit", was darauf hinweist, dass es dort weise Menschen gab, die den Charakter dieses „Krankheitsbildes" gut verstanden.

Viele gerade berühmte Schriftsteller, also kreative Menschen, die sowieso ihr Scheitelchakra stark geöffnet haben und einfach „aussteigen" können, hatten epileptische Anfälle.

Das ist keine Krankheit, sondern ein Begleitumstand spirituellen Wachstums.

Ich erinnere an die Situation des Saulus auf dem Weg nach Damaskus. Es heißt, er habe eine Erfahrung gemacht, die ihn völlig verändert habe. Das ist in der Tat ein epileptischer Anfall gewesen, der seine Seele in eine sehr hohe Dimension katapultiert hat. Da „sah" er, was er vorher nicht zu glauben vermochte.

Manche Epileptiker können den Inhalt dieser Erfahrung oft wiedergeben. Andere erinnern sich nicht.

Auf jeden Fall gehört diese Erscheinung in den Bereich des Weges, wo bereits der Mensch sensibel geworden ist und wo sein Bezug zur Materie sich gelockert hat.

Auch autistische Verhaltensweisen gehören in diesen Bereich, den sensiblen mittleren Teil des spirituellen Weges, in dem vielerlei Störungen auftreten, die man heute psychische Krankheiten nennt oder auch Geisteskrankheiten.

Es sind immer hochgradig sensible Menschen, die mit dieser erhöhten Sensitivität noch nicht umgehen können, die anderen Energien Eintritt gewähren, die diese Gabe nicht kontrollieren können, sondern die ihr geradezu ausgeliefert sind. Hierher gehören all diese armen Patienten, die man als „umsessen" oder „besessen" kennzeichnet. Auch hier ist die beste Methode diejenige des Arztes Dr.

Wickland, der durch Belehrung und Übertragung dieser anderen Energien auf den Körper seiner Frau seine Patienten heilen konnte. Chemische Medikamente sind keine Heilmittel, sie verändern die Seele des Patienten, machen mitunter süchtig, vergiften auch den physischen Körper und verkleben lediglich die lockeren Hüllen. Eine glückliche Lösung ist das keineswegs.

Diese Krankheiten werden nur verstanden werden können, wenn man sich von dem mechanistischen Denken abwendet und sich einer erweiterten Sicht des Menschen zuwendet. Ohne die Miteinbeziehung jener feinstofflichen Hüllen, insgesamt sieben an der Zahl, wird der Mensch nie Herr über seine „Krankheiten" werden können. Leider haben da die Wissenschaften eine wenig lobenswerte Rolle gespielt. Aber die Zeit ist reif, dass jetzt ein Wandel des Bewusstseins einsetzt. Damit wäre auch den vielen Patienten in den Psychiatrien besser gedient.

Frage 79? Was hältst du von Demenzdörfern? In den skandinavischen Ländern gibt es sie bereits, aber hier lehnt man sie ab.

Demenz ist ebenfalls keine Krankheit, sondern ein allmählicher Rückzug der höheren Körper aus dem physischen Gehäuse. Das Bewusstsein verlässt allmählich den abgenutzten Körper, zieht sich ins Innere zurück.
Warum sollte es nicht sehr hilfreich für diese alten Menschen sein, zusammen zu leben – nicht den Zwängen der sogenannten Normalen und ihrer Ablehnung ausgesetzt zu sein, sondern miteinander dem Tod entgegen zu dämmern. Ich begrüße solche Einrichtungen auf jeden Fall. Sie sind schützende Bereiche, in denen jeder in Würde dem Lebensende entgegengehen kann.

Frage 80: Das Lebensende ist der Tod. Was kannst du uns über den Tod sagen?

Der Tod ist das Ende des Lebens – nicht! Keineswegs. Er beendet zwar eure Leben, aber nur die physische Hülle und der Ätherkörper bleiben zurück und zerfallen im Laufe der Zeit. Die anderen feinstofflichen Körper gehen zu den Ebenen, wo sie aufgrund ihrer Frequenz hingehören. Gleich und Gleich kommt hier zusammen, insofern ist das Leben dann sehr viel einfacher als auf der Erde, wo man sich ja ständig mit vielerlei verschiedenen Menschen auseinandersetzen muss.

Hier gibt es viele „Wohnungen", wie es in der Bibel heißt, und da wohnt man eben mit jenen zusammen, denen man in Liebe verbunden ist und die einen gut verstehen.

Der Aufenthalt zwischen den Inkarnationen kann als Erholung oder als Vorbereitung auf das nächste Leben gelebt werden. Es gibt wunderschöne Orte hier, wo man sich von den Lasten und Katastrophen seines irdischen Lebens erholen kann. Es gibt aber auch Lehrstätten oder Tempel des Wissens, wo man weiter lernen kann. Das Universum ist riesig, und die Aufgaben warten auf jeden. Wer verstehen möchte, wie dieser ganze Kosmos reagiert, was eigentlich Gottes Werk war und ist, der findet viele Möglichkeiten der Weiterbildung – auch auf diesen Ebenen.

Man muss also keine Angst vor dem Tod haben, man erleichtert sich den Übergang, wenn man sich in Gottes Armen sieht und Vertrauen hat.

Diese Lösung – Vollendung in mehreren Etappen zu erzielen –, ist optimal, obwohl sie natürlich auch ihre Härten für die Hinterbliebenen hat.

Frage 81: Das bringt mich zu der Frage, wie man am besten den Tod eines lieben Menschen betrauern kann.

Du hast es getan. Du hast zunächst versucht, deine Gefühle von Liebe und Zärtlichkeit auf ein anderes Objekt zu richten. Dies hast du in den Blumen der Erde gesehen. Du hast Hunderte von Blumen und Blüten fotografiert nach dem Tod deines Kindes. Du hast also quasi diese Gefühle gut nach außen abgeleitet.
Das ist die erste Aufgabe, dass man einen Ersatz für die Person findet, die gestorben ist. Hat man sie geliebt, so sollte man diese Liebe an einen anderen Menschen, ein Tier oder eine Aufgabe weitergeben.
Man kann den Verlust auch schöpferisch verarbeiten, indem man schreibt, malt oder vielleicht sogar ein Instrument spielt oder singt. Kreativ sein, hilft, einen Verlust zu verarbeiten.
Eine andere ganz konkrete Lösung ist, sich an ein Medium zu wenden, das in der englischen Tradition steht und Verstorbene sehen und kontaktieren kann. Das hat z.B. Paul Meek in München jahrelang gemacht. Täglich kamen zwei Trauernde zu ihm, und er überbrachte ihnen Botschaften von ihrem verstorbenen Verwandten oder Familienmitglied. Damit hat er unendlich viel geholfen, Leid zu mildern und Erkenntnisprozesse einzuleiten. Ein Diener der Menschheit, fürwahr.
Wenn man weiß, dass man sich mit Sicherheit wiedersehen wird – denn alles, was man liebt, verliert man nie –, dann ist der Abschied erträglich. Dann freut man sich auf die Wiederbegegnung an einem schöneren Ort. Dann erkennt man das Leben als Zyklus von Geburt und Tod, von Inkarnieren und Sterben. Betet darum, einem gnädigen Tod entgegenzugehen. Dann wird er euch sicher gewährt.

Frage 82: Dennoch – im Augenblick überwältigt mich Auflehnung und Zorn. So viel furchtbares Leid auf der Welt, so viel Armut, so viel Unverständnis und Ablehnung überall. Ich fühle mich ebenfalls von allen übersehen, missverstanden und abgelehnt. Ich habe es einfach satt, immer nur demütig und freundlich und gütig zu sein. Ich denke, man sollte auch das Recht haben, gelegentlich etwas Wunderschönes zu erleben oder ein großes Geschenk von Gott zu erhalten. Dies spüre ich seit einiger Zeit überhaupt nicht mehr. Willst du überhaupt mit mir weiter zusammen arbeiten?

Natürlich verstehe ich. Es ist ganz normal, dass du so reagierst. Mitunter gelangt die eigene Kraft an ihre Grenzen. Du hast lange keinen Urlaub gemacht. Du arbeitest täglich immer noch zu viel. Du hast wenig soziale Kontakte. Alles ist irgendwie an die Peripherie deines Lebens gerückt.

Du willst meinen Rat? Natürlich verstehen wir dich. Natürlich suchen wir eine Lösung. Sie wird kommen. Warten ist die Lösung. Geduld ist alles. Es bereiten sich Dinge vor – in der Stille, sie werden bald in Erscheinung treten. Sie werden dir das Gefühl geben, dass dein Leben Sinn gehabt hat und dein Einsatz sich gelohnt hat. Du wirst wieder ermutigt werden, das zu sein, was du bist. Eine Dienerin Gottes.

Frage 83: Wie ist deine Reaktion auf die ersten Versuche der Wissenschaft, Spiritualität zu einem Forschungsgegenstand zu machen? (Vgl. dazu die neuen Studiengänge in Freiburg und Frankfurt/Oder)

Natürlich begrüßen wir diese ersten Schritte, spirituelle Erkenntnisse in den Prozess des Suchens aufzunehmen. Das bedeutet für uns Wissenschaft, auf der Suche nach neuen Erkenntnissen zu sein. Oft sind diese Erkenntnisse nur eine Zeit lang gültig. Dann schreitet die Wissenschaft, ihre Begründung, ihre Techniken, ihre Instrumente weiter vor, und was einmal als „wahr" angesehen wurde, wird als „falsch" enttarnt.
Deshalb ist es auch an der Zeit, sich mit all den Phänomenen zu beschäftigen, die einem ehrlichen spirituellen Sucher auf dem Wege zur letzten Erfahrung begegnen.
Ich begrüße diese Vorhaben und unterstütze sie mit allen Mitteln, die mir zu Gebote stehen.

Frage 84: Wenn jemand sich ernsthaft auf den Weg macht, wachsen ihm oft charismatische Gaben zu wie z.B. Hellsehen, Hellhören (Telepathie), Heilen, etc. Die alten indischen Weisheitsschriften bezeichnen sie als „siddhis" und fügen die Warnung hinzu, man solle nicht bei ihnen stehen bleiben. Was sagt ihr dazu?

Wir bezeichnen diese Gaben als Charismen, die es schon immer gab, die Jesu Wirken begleiteten und ihm jene Aufmerksamkeit bescherten, die er brauchte, um in der Gegend bekannt zu werden. Schon deshalb kommt ihnen eine große Bedeutung zu.

Wir würden niemals sagen, dass diese Gaben verwerflich seien. Sie sind geradezu unumgänglich, wenn sich im Laufe der Entwicklung die verschiedenen Körper lockern und dadurch die Persönlichkeit durchlässiger wird. Was sollte daran abzulehnen sein, dass du als lebender Mensch mit uns, Wesen auf einer anderen feinstofflichen Dimension kommunizierst? Ist es nicht für dich eine tiefe Erfahrung? Wird es nicht für einige Leser ebenso eine Aufforderung sein, sich mit dem Gedanken anzufreunden, Gott zu suchen? Ist es nicht auch für uns eine wunderbare Gelegenheit, euch zu helfen, euer Bewusstsein zu erweitern? Ich sehe keine Gefährdung per se.

Allerdings muss natürlich vor Missbrauch gewarnt werden. Es ist nicht zulässig, dass aus diesen Gaben ein Geschäft gemacht wird. Eine angemessene Vergütung der eingesetzten Zeit ist in Ordnung, aber überzogene Preise für eine Beratung sind eine Verirrung und bringen der sensitiven Person böse Folgen.

Wer als junger Mensch heranwächst, ändert sich doch auch, was seinen physischen Körper angeht. Vor allem in der Pubertät stellen sich ganz offensichtliche Veränderungen des Körpers ein, ein Stimmbruch tritt ein, eine stärkere Behaarung des männlichen Gesichts zeigt sich, junge Mädchen entwickeln weibliche Formen, warum sollte das nicht den Platz innerhalb der Beobachtungsskala erhalten, der ihm gebührt? Veränderungen treten auf jedem Weg auf, entsprechend dem Einsatz, der geleistet wird, entsprechend der Umgebung, entsprechend den Menschen, denen man begegnet. So ist eben auch auf der geistigen Ebene ständig ein Entwicklungsprozess im Gange und selbstverständlich auch auf der spirituellen Ebene.

Die seltsame Ablehnung, die in der Gesellschaft gegenüber paranormalen Phänomenen vorhanden ist, deutet auf uralte Erinnerungen hin, die seit der Inquisition noch tief in der Seele vieler Menschen schlummern. Hexerei galt als Todsünde. Frauen, die Gebärenden mit Kräutern halten, wurden als Hexe gebrandmarkt. Das sind Verirrungen des Geistes, die nicht in das 21. Jahrhundert gehören.

Die Wissenschaft hat die Aufgabe, sich mit den Erscheinungen auf der Welt zu befassen, z.B. mit Form und Entstehung eines Blitzes und ebenso mit Form und Entstehung einer außerkörperlichen Erfahrung. Etwas von vornherein als „wertlos" abzulehnen, ist parteiisch und unwissenschaftlich. Warum sollte eine Gabe wie z.B. die der telepathischen Übermittlung, wie sie hier am PC geschieht, nicht einer Untersuchung würdig sein?

Es wird noch eine Weile dauern, bis alle Vorurteile abgebaut sind, junge Wissenschaftler die Auseinandersetzung mit älteren Kollegen nicht mehr scheuen und Probanden, die mit solchen charismatischen Gaben aufwarten können, bereit sind, sich einer Befragung und Tests zu unterwerfen.

Generell sind diese Erfahrungen unterwegs es wert, ernst genommen zu werden, ebenso wie die letzte Erfahrung, die sich nur schwer in Worte fassen lässt, das Aufgehen der Individualseele in den göttlichen Urgrund.

Frage 85:   Ist derjenige, der über solche Dinge schreibt, ein narzisstischer Mensch?

Das kann durchaus sein, muss es aber nicht. Wir denken, dass jemand, der sich lange auf dem Weg befindet, längst solche egoistischen Bestrebungen hinter sich gelassen hat. Wir befinden uns nicht im Zirkus, wo jemand Kunststückchen aufführt, Feuer schluckt und mit Schlangen spielt. Wir sind ganz einfach Arbeiter im Garten Gottes. Man könnte auch sagen, wir tragen etwas dazu bei, dass Menschen auf ihrem Weg, der ja zum selben Ziel führen soll, besser vorankommen. Wir ziehen das Interesse nicht auf uns – wir benötigen das nicht –, wir ziehen das Interesse auf die Sache. Oft genügt ein einziges Wort, um einen Menschen aus einem Zweifel herauszuholen. Oft genügt ein Hinweis, ein Rat, der seine Lebensqualität erhöht. Wir wollen dazu beitragen, dass das Leben inhaltsreicher und konfliktärmer wird. Wir wissen um die Traurigkeit vieler Menschen. Wir leisten ihnen Gesellschaft, auch wenn sie es nicht ahnen. Wenn sie es wissen, könnte es ihnen ein wenig besser gehen.

Unumstritten wird ein solcher Kontakt nie sein, denn zu viele Faktoren sind im Spiel. Man kann an uns zweifeln, man kann an der Integrität unserer Mitarbeiterin zweifeln. Man kann nach Fehlern suchen, und man wird sie vielleicht finden. Das entwertet gar nichts. Denn wichtig ist das Motiv. Am Motiv wird all euer Tun gemessen, was niemand jetzt als Urteilsspruch zu verstehen aufgefordert ist. Niemand kann schneller ans Ziel kommen, wenn er Tag und Nacht darauf hinarbeitet. Am Ende ist Gnade das einzige, was wirkt.

Frage 86: Lachen und Weinen – menschliche Gefühlsäußerungen?

Auch Tiere können sich vernehmlich äußern, auch ihre Gefühle zeigen. Aber beides, Lachen und Weinen, gehören unabdingbar zum Menschen. Hier treten höchst extreme Emotionen nach außen. Sogar Lachen kann mit Tränen einhergehen, was zeigt, dass manchmal beides ganz nahe beieinander liegt.

Man könnte sagen, dass Menschen, die selten lachen und nie weinen, versteinert sind. Da besteht dann Gefahr einer charakterlichen Verstümmelung. Denn wer sich nicht mehr freuen kann, wer sich nicht schallend über irgendeine Sache erheitern kann, wer nicht angesichts extremer Notlagen Tränen vergießen kann, dessen Seele ist starr und trocken geworden.

Oft löst sich bei sehr großem Schmerz erst nach einer gewissen Zeit eine Tränenflut. Das ist dann der Beginn eines gesunden Trauerns.

Frage 87:   Was ist Kreativität?

Die Frage ist legitim. Viele Arbeiten sind unschöpferisch, d.h. sie folgen vorgegebenen Anweisungen und verlangen nur Aufmerksamkeit und Gehorsam.
Andere Aufgaben verlangen eigenes Denken. Das wäre eine kreative Handlung. Wenn jemand z.B. ein Fahrradnetz für eine Stadt entwerfen soll, wenn er ein Haus baut, wenn er ein Buch schreibt, wenn er das Muster eines Stoffes entwirft, dann ist das eine eigene Leistung. Kreativität ist der Motor des Fortschritts. Ohne solche Aktivitäten kommt man im Leben nicht voran. Aber auch die andere Leistung, das mühselige Nach-Arbeiten einer Aufgabe ist nötig. Kreativität und Fleiß gehören zusammen, wenn etwas gelingen soll.
Woher kommen die guten Einfälle des Kreativen? Sie überfallen ihn meist. Er geht sozusagen mit einer Idee schwanger und dann erfährt er eine Art Inspiration, die ihm hilft, seine eigene Intelligenz einzusetzen. Diese Zündung – oder Inspiration – wird ihm oft von höheren Bewusstseinsebenen eingegeben.
Jedes Genie ist an diesen unversiegbaren Strom des Geistes angeschlossen.

Frage 88:   Schönheit über alles? Was ist schön, wieso muss alles schön sein?

Ja, Schönheit ist alles. Ein Mädchen braucht nur schön zu sein, das genügt für einen Mann, der sie als schön empfindet.
Damit habe ich zweierlei ausgesagt. Schönheit hat Macht. Das machen sich die Medien zunutze, das ist im Fernsehen, in Filmen, im Theater eine der Voraussetzungen für die Mitwirkenden. Eine Moderatorin muss schön sein, sonst verkauft sie sich nicht gut.

Die Welt ist zu einer großen Bühne geworden, auf der Leute eine besondere Ausstrahlung haben müssen, um Erfolg zu haben. Politiker, die ein gutes Aussehen haben, bekommen mehr Stimmen als andere.

Was aber ist Schönheit? Jede Zeit, jede Kultur hat ihre eigenen Leitbilder. Im Westen sind es zur Zeit die grazilen, fast dünnen Frauen, die dem gängigen Schönheitsideal entsprechen. Das war nicht immer so. Wir denken an die prallen sinnlichen Rundungen früherer Modelle, wie sie z.B. Rubens gefallen haben.

Schönheit hat immer etwas mit einer besonderen Proportion zu tun. Es gibt den goldenen Schnitt, den Baumeister verwenden, auch heute noch, es gibt Vermessungen des Gesichts, des Körpers, und bei einer besonderen Anordnung empfindet die Mehrheit eine Art Freude oder Entzücken.

Schönheit kann aber auch geistige und seelische Komponenten haben und mit körperlicher Schönheit einhergehen. So empfinden wir oft alte Weisheitslehrer als schön. Ich denke da an Rabindranath Tagore oder Paramahamsa Yogananda. Die Zartheit der Seele, die strahlende Intelligenz gibt den Gesichtszügen solcher fortgeschrittener Seelen etwas Edles.. Sie haben die unermessliche Schönheit des Universums gesehen, und in ihren Augen erkennt man davon einen Abglanz.

Wer eine Sehnsucht danach hat, alles in seiner unmittelbaren Umgebung *schön* zu haben, trägt eine Erinnerung an seine Urheimat in seiner Seele und belebt sie erneut. Künstler gehören oft in diese Gruppe, die hohe ästhetische Ansprüche an Menschen und Dinge in ihrem Umfeld stellen.

Wer in seinem Alltag immer wieder einen Ort aufsucht, wo ihm Schönheit entgegentritt, weitet seine Seele aus und stimmt sich auf höhere Erfahrungen ein. Eine Blume am Fenster erinnert euch daran, das Lächeln eines Kindes und der Gesang eines Vogels auf dem Baum gegenüber – das sind Begegnungen mit dem Schönen an sich.

Frage 89: Wer gegen Gesetze verstößt, kommt ins Gefängnis. Ist das eine gute Methode?

Natürlich müssen Menschen, die sich nicht an die Gesetze halten, angemessen bestraft werden. Es stellt sich hier die Frage, was als angemessen gelten kann.
Zunächst einmal möchte ich sagen, dass eine Todesstrafe in keinem Fall angemessen ist. Selbst Mörder dürfen nicht hingerichtet werden. Hier gibt es in einzelnen Staaten noch sehr viel zu tun.
Auch lebenslängliche Strafen sind nicht angezeigt, denn dann ist dieses Leben eigentlich umsonst gelebt.
Außerdem sollten jedem Gefangenen Möglichkeiten gegeben werden, sich für die Gesellschaft, gegen deren Gesetzeskodex er verstoßen hat, einzusetzen. Junge Menschen sollten Möglichkeiten erhalten, sich weiter auszubilden und dann eine Tätigkeit auszuüben. Am schlimmsten ist es, einen Menschen in Isolierhaft zu nehmen und ihm Einsamkeit und Nichtstun zuzumuten. Kein Mensch kann das seelisch überleben.
Was sollte daran einem Menschen helfen, wieder in ein normales Leben integriert werden zu können?

Natürlich hängt das Strafmaß immer von der besonderen Straftat ab. Menschen, die grundsätzlich nicht therapierbar sind – bestimmte Sexualtäter gehören hierher –, müssen ihr Leben lang in einer psychiatrischen Abteilung untergebracht werden zum Schutze der Gesellschaft.

Ansonsten sollte das Strafmaß nicht mehr als 5 Jahre betragen, denn wenn jemand in 5 Jahren nicht gelernt hat, wie er in der Freiheit zu leben hat, lernt es auch dann nie.

Strafe sollte immer einen Erkenntniszuwachs bringen, so dass eine Wiedereingliederung in die Gesellschaft besser möglich ist. Die skandinavischen Länder sind hier ihrer Zeit voraus. Sie haben einen offeneren Vollzug und machen dabei keine schlechten Erfahrungen.

Frage 90: Gibt es Aliens unter uns?

Diese Frage meine ich schon einmal beantwortet zu haben. Natürlich sind Wesen von anderen Planeten mitten unter euch, sie werden aber zum Teil gar nicht wahrgenommen oder nur von einer geringen Zahl von hellsichtigen Erdmenschen. Sie haben die Aufgabe, an der Regeneration der Erde mitzuwirken und tun dies auch schon an einigen Stellen. Aber es dauert noch eine Weile, bis das allgemein anerkannte Tatsache ist. Warum solche Fakten totgeschwiegen werden, ist uns ein Geheimnis. Solche Blockaden sind für niemanden nützlich. Es gibt genügend Kanäle, über die die Wahrheit ans Licht kommt, und wenn damit von vornherein solche Geheimnistuerei verknüpft ist, erscheint vielen die ganze Angelegenheit als suspekt. Das ist nicht notwendig, denn es wäre doch eher merkwürdig, wenn dies nicht der Fall wäre. Welche menschliche Hybris, sich vorzustellen, die Erdbewohner seien die einzigen lebenden Wesen im Weltall! Wer hielte sich denn für die Krone der Schöpfung?

Der Planet Erde gilt als ein schwieriger Aufenthaltsort, denn den Bewohnern fehlt Verständnis und Liebe für andere. In moralischer Hinsicht, aber auch in technologischer sind die Erdlinge anderen weit unterlegen. Dennoch kommen Menschen von anderen Planeten durchaus gern zu euch, da sie hier ein weites Betätigungsfeld vorfinden.

Frage 91: April im Sommer 2012 – Wetterkapriolen?

Frühling im Herbst und Sommer im Winter, das sind Symptome. Der Planet und seine äußeren Hüllen sind erkrankt. Ihr habt es längst geahnt, gesehen und seid mit vielen Worten dagegen angegangen. Aber im Prinzip ist in allen Staaten der Erde wenig für eine Klimaverbesserung getan worden. Die ökologische Situation des Planeten ist nahe am Kollaps. Vielleicht bemerkt ihr das weniger in euren Breitengraden, aber die Wüsten vertrocknen mehr und mehr und die Hungersnöte nehmen in diesen Breiten zu. Feuerwalzen begegnen uns in nahezu allen Mittelmeerländern. Und asiatischer Festraum ertrinkt in den Fluten. Überall ist das Gleichgewicht erschüttert.

Zwar gibt es noch Klimakonferenzen, aber sie sind nichts als ein Feigenblatt für die entwickelten Länder. Die Schwellenländer wollen expandieren, sie wollen sich nicht einschränken, sie wollen auch täglich ein Steak essen und kümmern sich nicht um die dafür erforderlichen Weideflächen..

Wollte jemand der verantwortlichen Politiker in den Luxusländern des Westens die Bevölkerung aufrufen, möglichst vegetarisch zu essen, um die Viehhaltung zu reduzieren, würde sie Stimmen verlieren und einen Aufstand hervorrufen. Maßhalte-Appelle haben keine Konjunktur. Sie werden abgelehnt. Man hat sich nach den Kriegen an die satte Selbstgefälligkeit seines Lebensstils gewöhnt und dazu gehört es eben, ausgiebig Fleisch zu essen, viel Energie für Autos und Flugzeuge auszugeben und sich nichts unterhalb der Luxusmarke zuzumuten.

Diese Einstellung zeigt den Egoismus der Massen und die Nichtberücksichtigung der Erde, die man bewohnt und nach Kräften ausnutzt und missbraucht. Vielen ist das gar nicht aufgefallen, aber sie sollten es jetzt wissen, und es wäre gut, wenn Konsequenzen gezogen würden. Aber in diesem Punkt bin ich nicht optimistisch. Der Klimawandel ist längst eine Tatsache und wird sich mehr und mehr feststellen und beobachten lassen. Dass es dabei allmählich zu einem Schmelzen der Polkappen kommt und zu einem allmählichen Ansteigen der Weltmeere, sollte bekannt sein. Aber hat man sich die Folgen dieser Tatsache einmal vor Augen gestellt?

Alle könnten ihr Scherflein dazu beitragen, die Politiker, aber auch der Einzelne, der seine Ess- und Lebensgewohnheiten ganz leicht umstellen könnte. Die Grünen waren vor Jahren die ersten, die den Blick auf diese fatalen Folgen richteten. Aber sie sind heute auch keine wachsamen Beobachter, sie genießen ihre Popularität, ohne sich viel für eine Verbesserung der ökologischen Situation einzusetzen. So wird sich also kaum etwas ändern, fürchte ich.

Frage 92:   Welche Wünsche darf man haben?

Das ist eine sehr allgemeine Frage, aber ich will darauf antworten. Alles, was zu einem ausgewogenen Leben gehört, darf man sich wünschen: Gesundheit, Erfolg, Geld, ein Dach über dem Kopf, Unterhaltung, Sport. Alles was nicht exzessiv betrieben wird, ist erlaubt. Eine gute Ernährung sorgt für eine stabile Gesundheit, wer seine Ausbildung durchhält, hat berufliche Erfolge, kommt auch materiell auf die Beine und kann sich dann alles leisten, was das Leben zusätzlich farbig macht. Alles ist erlaubt, solange es niemandem übermäßig schadet.

Dass es hier um graduelle Unterschiede geht, ist deutlich geworden. Es ist nicht gut, sich zu wünschen, Millionär zu werden, solange es arme Leute in der Gesellschaft gibt. Dieses finanzielle Ungleichgewicht sorgt für negative Emotionen auf vielen Seiten. Der Hunger nach mehr, egal in welchem Sektor, ist wie ein böser Virus, der die Atmosphäre in einer Gesellschaft vergiftet, der Kräfte lahm legt und

Gefühle der Eifersucht und des Neids hervorruft. Das ist natürlich nicht wünschenswert, aber doch verständlich.

Eine Neiddebatte ist angebracht, wenn die Unterschiede der Vergütung einer Leistung zu weit auseinanderklaffen. Es geht nicht an, das der eine zehnmal mehr für die gleiche Leistung verdient als ein anderer. Diese Ungleichheit sollte allmählich beseitigt werden.

Erste Anzeichen zeigen sich z.B. darin, dass der spanische König und sein Hof jetzt auf einige Prozente ihres Einkommens verzichten. Das ist in der Tat angesagt. Wieso soll es in einer Gesellschaft Prominente geben, die ein sorgenfreies und nahezu arbeitsfreies Leben führen, während andere sich täglich dem Stress einer anstrengenden Tätigkeit aussetzen?

Solange die soziale Frage nicht gelöst ist, wird es Krieg auf der Welt geben. Solange die Reichen in Saus und Braus leben, wird es Futterneid geben. Unterschiede ja, aber unüberbrückbare Unterschiede nein!

Jeder Mensch, ob Asylant, Einwanderer, Einheimischer etc., jeder sollte die gleiche Stundenzahl an Arbeit leisten, entsprechend seinen Fähigkeiten, und er sollte dafür so belohnt werden, dass er ein gutes Leben führen kann, ohne existentielle Ängste und ohne Exzesse.

Ob dies je erreicht wird, ist ungewiss.

Deine Frage beantworte ich also mit einem Sprichwort: Was du nicht willst, das man dir tu, das füg auch keinem andern zu. Die Erfüllung unserer Wünsche sollte die Erfüllung der Wünsche anderer nicht untergraben. Solange jeder einen goldenen Mittelweg geht,. ist alles in Ordnung.

Frage 93:   Welches ist der ideale Liebespartner?

Der ideale Liebespartner? Es gibt einen. Du begegnest ihm, wenn du deine Reise auf der Erde fast abgeschlossen hast, wenn du selber fast vollkommen bist, keine allzu große Wünsche an Deine Umgebung stellst und mit deinem Leben einverstanden bist. Dann – stellt er sich ein, der ideale Partner, der ebenfalls keine Partnerin mit überflüssigen eitlen Wünschen überfrachtet. Verstehst du? Du willst solange einen *idealen* Partner, solange du selber noch weit entfernt vom Ideal bist. Aber das ist ein unangemessener Wunsch. Ihr begegnet immer dem Partner, der euch gerade auf dem Weg der beste Helfer ist. Gerade auch, weil er noch Fehler hat, Charakterfehler, einen dicken Bauch oder die absolute Unfähigkeit, euch zu verstehen. Nur so – wenn ein Gefälle da ist – kann Wachstum stattfinden. Ihr lernt voneinander, ihr gleicht eure Schwächen aus, ihr liebt euch doch auf diese Weise. Wer würde denn ganz ohne Liebe solche Schwächen ertragen?

Die Frage ist dennoch mit einer gewissen Berechtigung gestellt, denn alle suchen ihn, den idealen Seelenpartner. Und alle warten, warten lange Zeit, bis er plötzlich vor ihnen steht. Dann ist es ein einziger Blick, und man weiß, dass man füreinander bestimmt ist. Diese Liebe ist dann die Krönung in diesem Bereich des Lebens. Sie äußert sich als nahezu intuitives Verständnis für den anderen, ein Aufeinander-Eingestimmt-Sein im Alltag, man hat die gleichen Ansichten, wenn es um ernste Lebensfragen geht, und man liebt die äußere Erscheinung des anderen. Diese Ehen sind wirklich im Himmel geschlossen.

Frage 94: Welches ist der ideale Beruf?

Der ideale Beruf ist die Berufung, die man in sich trägt, ein Wissen um die ureigene Begabung und der Ehrgeiz, diese Gabe der Welt zur Verfügung zu stellen. Es ist ein unbewusster Auftrag, der lange in der Tiefe der Seele schlummert und plötzlich als innerer Drang auftaucht.

So wissen junge Menschen manchmal ganz genau, welchen Weg sie einschlagen müssen, da gibt es kein Zögern, kein Überlegen, sondern ein stilles Wissen. Man MUSS Astronom werden, und man wird alles tun, um dies zu bewerkstelligen. Man geht Risiken ein, man überwirft sich mit den Eltern, man verzichtet auf vieles, um diesen e i n e n Wunsch zu erfüllen.

Das ist der ideale Beruf. Und ihr kennt alle jene, die in ihrer Arbeit tagaus, tagein glücklich sind, die nicht nur für ihre Umgebung ein Geschenk sind, sondern auch selber ihr eigentliches Ich entdeckt haben. Dies ist die Stufe eines hohen Selbst-Bewusstseins, einer tiefen Selbst-Erkenntnis:

Ich weiß, wer ich bin und was ich tun muss, um glücklich zu sein, um ganz ich selber zu sein.

Das muss nicht unbedingt ein Beruf sein, der andere in den Mittelpunkt stellt. Es kann z.B. ein Insektenforscher sein, der seine Arbeit täglich in einer gewissen Selbstversenkung durchführt. Sein Wissen, seine Hingabe, sein schöpferischer Rausch haben ein hohes Maß an Selbst-Verwirklichung herbeigeführt.

Das hat natürlich noch nichts mit dem Endziel eines Menschen zu tun. Das ist eine Vorstufe, aber wer da bereits angekommen ist, hat viele gute Vorarbeiten auch für den Weg zur letzten Erkenntnis geschaffen. Er kann arbeiten, er besitzt Hingabe an eine Sache, er besitzt Wissen, aber noch keine Weisheit, und er ist in der Lage, Opfer zu bringen. Dies sind schon kardinale Tugenden, die ihm den letzten Schritt zur Vollendung erleichtern werden.

Glücklich sind die Menschen, denen der Beruf ein hohes Maß an Glück schenkt, denen der Beruf nicht nur ein Gelderwerb ist. Unzufriedenheit am Arbeitsplatz vergällt das ganze Leben. Wer die Kraft und den Mut hat, sich auf die Suche nach d e m Beruf zu machen, der ihnen dieses stille reine Glück schenken kann, der hat ausdrücklich unsere Unterstützung.

Frage 95: Was ist Freundschaft?

Freundschaft tritt da auf, wo Menschen sich begegnen, die zusammen gehören. Damit meine ich, dass sich zwischen ihnen ein Energiefeld befindet, dass Ähnlichkeiten aufweist und auf beiden Seiten der Wunsch besteht, noch mehr miteinander zu verschmelzen. Freundschaft ist also ein Wachstumsprozess, der das Beste aus beiden herausholen möchte.
Ich gebe dir ein Beispiel: Du hattest einmal eine Freundin, die dich ermunterte, eine Erzählung zu schreiben. Sie wollte ein Buch über ein bestimmtest Thema herausgeben. Sie hatte dank ihrer Intuition diese Gabe in dir entdeckt und bot dir eine Möglichkeit zur Entfaltung dieser Gabe an. Du erinnerst dich, wie erstaunt du warst. Du protestiertest zunächst, meintest, das würdest du nicht können.
Inzwischen hat sich diese Gabe entwickelt und vervollständigt.
Dies ist also das Wesen der Freundschaft. Ein Freund entdeckt etwas in seinem Freund und fördert es zutage. Ganz ohne Eifersucht, ganz ohne eigene Anliegen, es ist einfach die Freude des Entdeckers, die bei diesem Prozess mitschwingt.
Ebenso verhält es sich bei Defiziten des anderen. Ein Freund erkennt sie, weil er mehr Distanz hat als der andere. Vielleicht weist er ihn darauf hin, das kann aber fatale Folgen haben, wenn der andere diese Tat missversteht und als harte Kritik auffasst. Deshalb ist es sicher besser und weiser, in der Stille dagegen zu arbeiten, so dass diese Blockade, dieses Defizit aufgelöst werden kann.
Auch dafür gebe ich dir ein Beispiel: Stellen wir uns vor, der Freund würde rauchen. Würden wir ihm das vorwerfen, würde er sich vielleicht dagegen auflehnen und eher sein Tun intensivieren. Besser

wäre es, ein Vorbild zu sein, vielleicht auf Schriften hinweisen, die die Gefahr eines solchen Verhaltens aufzeigen. Jedenfalls beginnt hier alle Freundschaft. Man lässt nicht zu, dass der Freund in Schwierigkeiten gerät, wenn er Hilfe braucht, ist man zur Stelle, man gleicht alles aus, man verzeiht alles, man ist eben an seiner Seite.

Freundschaften, die in diesem Leben geschlossen werden, haben oft schon eine lange Geschichte. Man trifft sich immer wieder, wenn Aufgaben an der Seite des anderen warten. Wenn diese Aufgaben erfüllt sind, kann man sich z.B. als Geschwisterkind in einer Familie inkarnieren oder sich als Partner begegnen. Ist eine sehr hohe Stufe der Zuneigung vorhanden, inkarnieren sich beide oft als Zwillinge. Diese Gruppe gilt als diejenige, die die höchstmögliche seelische und körperliche Übereinstimmung aufweist.

Falls du wissen wolltest, ob es auch Freundschaften zwischen Männern und Frauen gibt, so verstehe ich, warum du fragst. Im Allgemeinen spielt ein anderer Magnetismus zwischen den Geschlechtern eine Hauptrolle, die erotische Anziehung. Deshalb ist es seltener, dass ein Mann mit einer Frau über einen längeren Zeitraum eine Freundschaft pflegen kann. Sie gleitet dann eher in den Zustand einer totalen Verbindung, also einer Beziehung über.

Auf jeden Fall ist es für jede Beziehung notwendig, ein ziemlich strapazierfähiges freundschaftliches Fundament zu haben. Denn dies trägt länger als jeder erotische Zauber.

Wer einen guten Freund hat, ist sicher reicher als der, der viele flüchtige Bekannte hat. Er fühlt sich stärker dem Schicksal gegenüber, denn er steht nicht allein da. Diese Angst, diese Urangst, dem Schicksal allein gegenüberzustehen, ist eine jener archaischen Existenzängste, die euer Dasein in früheren Menschheitsepochen beherrschten. Dies ist übrig geblieben aus jener Zeit, in der die Gruppe nötig war, um überhaupt überleben zu können.

Das sollten sich heute die Menschen, die allein leben, klarmachen, dass sie nicht auf solche atavistischen Ängste rekurrieren sollten.
Heute kommt man auch als Alleinstehender, als Single einigermaßen gut durchs Leben. Dennoch: Das ist ein Leben wie eine Blume ohne Duft.
Der Duft einer Blume ist das Zeichen ihrer höchsten Vollendung. Sie verströmt sich – aus Liebe – an ihre Umgebung.
So können Freunde ihre Freude aneinander weitergeben als Geschenk an die größere Gruppe, in der sie sich bewegen.

Frage 96:   Welchen Rat würdest du unseren Politikern geben?

Das ist eine schwere Frage. Sie kann notwendigerweise nur sehr allgemein beantwortet werden.
Ein Politiker dient – gemäß seiner Berufsbezeichnung – immer dem Volk. Das heißt, er übt keine Macht aus, sondern er dient. Dienen heißt, sich für das Wohl eines anderen einzusetzen, grundsätzlich und in allen Bereichen seines Handelns. Auch der Schwur, den der Politiker vor Antritt seiner Arbeit leistet, enthält diese Formel, er wolle seinem Volke dienen.

Natürlich sehe ich, dass es nur wenige sind, die sich dieser Formel verpflichtet fühlen. Es sind oft ganz andere Dinge im Spiel, Vergütung, Ansehen, Macht und Narzissmus.
Mein Rat, mein ehrlicher Rat müsste also heißen: Vergesst niemals – bei all eurem Tun – die Tatsache, dass ihr dem Wohl eures Volkes verpflichtet seid und dass nur das das Ziel eures Handelns sein darf.

Der finanzielle und personelle Aufwand, der in fast allen Ländern von der regierenden Kaste betrieben wird, steht diesen Aussagen diametral entgegen. Oft ist das Volk nur Erfüllungsgehilfe für sehr eigene Interessen. Ein Regierungsapparat könnte durchaus halbiert werden, ohne dass dadurch irgendwelche Mängel zutage treten würden. Es könnte auf diese Weise sehr viel an Steuergeldern eingespart werden. Die überaus hohe Versorgung der Politiker nach ihrem Abschied von ihren Ämtern ist auch als falsch anzusehen. In einem Volk, in dem Kinder arm sind, muten solche fetten Pensionen als unwürdig und unangemessen an.

Die Zeit wird kommen, da ein verantwortungsbewusster Volksvertreter eine solche Sparmaßnahme vor seinem Antritt verkünden wird. Das allein wird ihm schon die Sympathien seines Volkes, das natürlich einen Sinn für Gerechtigkeit hat, einbringen.

Menschen erhalten solche Positionen, zunächst einmal aufgrund ihrer Qualifikation, ihrer karmischen Grundlage, aber damit sind moralische Anforderungen an sie gestellt, die die meisten gar nicht spüren. Jeder, der sich bereichert, unverdientermaßen, wird das aber später in einer anderen Inkarnation auf Heller und Pfennig zurückzahlen müssen. Dann wird er vielleicht wirklich d i e n e n müssen mit allen harten Konsequenzen.

Mein Rat ist also an alle, die öffentliche Verantwortung tragen und Macht über andere haben, sich selber zu fragen, was sie für ihr eigenes Volk erarbeiten wollen und inwieweit ihr Verdienst mit ihrer Leistung übereinstimmt.

Frage 97: Welchen Rat könntest du den Frauen in unserer Zeit geben?

Frauen sind der Honig des Lebens. Ohne sie wäre das Leben fast nicht auszuhalten. Überall wo eine Frau eingreift, ist plötzlich ein Strahl von Liebe da.

Frauen sind wegen ihrer tausendjährigen Leidenszeit viel weiter entwickelte Individuen als Männer. Damit meine ich nicht den Intellekt, sondern die Fähigkeiten der Seele. Alles, was mit Teilen, Vergeben, Lieben zu tun hat, ist Sache der Frauen. Sie sehen viel schneller, wo Not zu Hause ist, dann machen sie sich an die Arbeit und helfen. Sie sehen viel schneller ein, dass es sich nicht lohnt, eine Verletzung bis in alle Ewigkeit nachzutragen. Sie verzeihen bereitwilliger und ehrlicher.
Schließlich sind sie immer zur Stelle, wenn es darum geht, einem Menschen schwesterlichen Beistand zu leisten. Die großen Gestalten der Barmherzigkeit waren in den meisten Fällen Frauen.

Also möchte ich zunächst den Frauen danken für ihren Einsatz. Mein Rat ist ein anderer: Ich bitte euch, euch nicht mehr mit Männern zu vergleichen. Dieser Ansatz ist total falsch. Männer haben von Natur aus andere Anlagen, andere Begabungen, eine grundsätzlich andere physische Ausstattung. Jeder Vergleich ist falsch, jede Konkurrenz ist falsch, weil sie von unterschiedlichen Parametern ausgeht.
Bleibt ein weiblicher Mensch! Das ist mein Rat. Zeigt eure äußere und innere Schönheit der Welt. Legt über das Leben einen zarten Film von Schönheit und Liebe. Achtet eure heilige Aufgabe, Kindern das Leben zu schenken. Ihr seid die goldene Kette zwischen den Generationen.
Kinder sind eure erste Aufgabe, für sie seid ihr die Sonne im Leben. Gebt ihnen so viel Liebe, wie ihr könnt. Sie werden es euch danken, indem sie zu tüchtigen Menschen heranwachsen, die den Stürmen des Lebens gewappnet gegenüberstehen.
Heilen ist eine weitere Aufgabe, und Lehren gehört ebenfalls zu euren ganz spezifischen Aufgaben.

Aber ihr seid überall – in welcher Rolle auch immer – verkörperte Liebe.

Frage 98:   Welchen Rat könntest du den Männern geben?

Männer sind die Beschützer von Frauen, die Versorger von Frauen und ihre Spielgefährten.

Männer sind im Grunde nie ganz erwachsen. Sie hängen von ihren Erfahrungen, die sie mit ihren Müttern gemacht haben, immer bis ans Ende ihres Lebens ab. Das kann sehr positive, aber auch ganz negative Auswirkungen auf ihre Geschlechterbeziehungen haben.

Männer lieben die Auseinandersetzung, den Wettbewerb, den Tanz um die eigene Person. Seht sie euch an, die stolzen Pfaue, die königlichen Löwen, die Reiher und Hähne. Sie brauchen die Bühne, um sich darzustellen, sie atmen den Applaus ein, sie begehren das Geld, weil es sie zu Menschen macht, die sich alles kaufen können.

Gäbe es keine Frauen zwischen den Menschen, wäre das Leben auf der Erde ein einziger Kampfplatz. Kampfsportarten sind an der Tagesordnung. Jeder will der Stärkste, der Klügste, der Reichste sein. Kritisiere einen Mann, und er wird wütend. Schmeichle ihm, und er schmilzt hin.

Welch Gnade, dass es weibliche Wesen gibt, die solche Ungeheuer zu lieben fähig sind. Ein ganzes Leben lang mitunter.

Spaß beiseite – Männer haben die Aufgabe, auf der Welt Ordnung herzustellen, Gesetze zu erlassen und sie zu verteidigen. Sie müssen ihre physischen Kräfte an vielen Stellen einsetzen, auch ihre ungeheuer große Begabung, Dinge zu reparieren. Viel Intelligenz, viel Kombinationsvermögen und viel Energie sind nötig, um diese Seite des Lebens am Laufen zu halten.

Die erste Aufgabe der Männer ist aber, Kinder zu zeugen und so eine Familie zu gründen und wartenden Seelen den Einstieg in einen Körper zu gewähren. Männer sind die Erzeuger, Frauen die Bewahrer.

Frauen und Männer brauchen einander, ihr Leben weitet sich durch den Kontakt mit dem anderen Geschlecht. Die spezifische Wesensart des jeweiligen Geschlechts kann gelebt und erprobt werden. Eine Palette von Gefühlen tritt ins Leben, angefangen bei unbeschreiblicher Sehnsucht bis zu einem rauschhaften Erleben von Glück.

Das war vielleicht der beste göttliche Einfall, Menschen als Männer und Frauen zu erschaffen.

Frage 99: Welchen Rat kannst du mir persönlich geben?

Zuerst danke ich dir für deine fleißige und zuverlässige Mitarbeit. Du hattest die Idee, ein solches Gespräch mit uns zu führen, und wir sind deinem Wunsch sehr gern nachgekommen. Es ist immer unser Anliegen, Menschen zu helfen, ihr Leben mit all seinen Sonnen- und Schattenseiten besser zu verstehen. Wir sehen uns als Diener jener, die unserer Hilfe bedürfen.

Einen Rat für dich persönlich? Wir wissen, wo du stehst. Wir ahnen, was dir noch fehlt. Wir raten dir, zwei Eigenschaften zu pflegen: Vergebung und Dankbarkeit. Lass diese beiden Eigenschaften in deiner Seele wachsen. Vergib denen, die dir wehtun, und sei dankbar, wenn es einige gibt, die deine Arbeit schätzen. Du wirst natürlich von uns begleitet und beschützt, soweit es in unserer Macht steht. Wir grüßen dich und danken dir von Herzen.

Frage 100: Welche Bitte hast du an die Leser?

Lieber Leser, liebe Leserin, die Tatsache, dass dir dieses Buch in die Hände gefallen ist, zeigt, dass es einen Wunsch in deiner Seele gibt, das Leben in seiner Ganzheit besser zu verstehen. Unser Versuch, dir entgegenzukommen, mag nur teilweise gelungen sein, denn immer noch ist die Gruppe, die sich für solche Themen interessiert, sehr heterogen. Individuelle Fragen haben wir nicht beantworten können. Die Notwendigkeit zu verallgemeinern und damit vielleicht auch zu vereinfachen, war sicher vorhanden. Wir bitten euch, eher das Motiv unserer Arbeit zu sehen als deren Ergebnis. Was uns am Herzen liegt, ist, euch klarzumachen, dass ihr alle zu demselben Ziel unterwegs seid und dass jeder die Hilfe erhält, die er braucht. Dieses tröstliche Wort sollte am Ende dieses Dialogs stehen.

Ihr findet es schon in der Bibel, wo es ganz einfach heißt: Klopfet an, so wird euch aufgetan.

Wir gehen alle der Unendlichkeit entgegen. Viel wird geschehen, viel wird ungeschehen gemacht werden, am Ende wird das Wesentliche übrig bleiben. Wesentlich ist das Wissen um die Wahrheit, dass wir alle kosmische göttliche Wesen sind, unterwegs zur Vollendung. Wir werden uns einmal sehen, das erfüllt unsere Seele mit Freude.